天 山 詩 選 [95]

辛 東 益 제5시조 시집

'천부경'(○△□)은 $(-1)^n$ 이다

| 한기10951 |
| 한웅기5912 |
| 단기4347 |
| 공기2565 |
| 불기2558 |
| 서기2014 |
| 도서출판 天山 |

'천부경'(○△□)은 $(-1)^n$이다

('天符經' 원각방 : 천인지 마이너스 1의 '엔' 제곱)

辛 東 益 제5시조 시집

```
          上元甲子
          8937
         +2014
          10951
          5912
          4347
          2565
          2558
          2014
      도서출판 天山
```

<自 序>
時調로 풀어읊는 '天符經'

글쓰기가 두렵다.

'산해경'에 '一目國'이 있다.

실제로 이마에 눈 하나밖에 없는 사람이 사는 '부족 국가'가 있었는지 몰라도, 그럴 성싶지는 않다. 왜냐하면 '산해경'은 고대의 워낙 비유적 은유적 해학적으로 쓴 고도화된 문장이기 때문이다.

아마도 '一目國' 사람들은 소견이 없었거나, 아집에 집착한 나머지 고착된 사회에 갇혀살다보니, 어쩐지 갑갑하고답답해도 그런대로 살아가는 부족을 은유해서 쓴 문장으로 보아진다.

그렇다면, 우리 '단군 역사'도
저 '쪽발이' '떼놈' '코쟁이' 들이 '신화'라고 하니,
덩달아 '신화'라고 믿는 백성이
바로 '一目國' 백성 아니겠는가.
이런저런 기우 '확' 걷어치우는 '소식'을
흔민족앞에 온인류앞에 전한다.
이책에 '천부경' 밀장, 친자연적 인류 구원의 메시지가 실렸다.

——흔기 10950(계사). 8.15. 神佛山 아래 艸牛野墅에서.

艸牛 辛東益 志

차 례

辛 東 益 제5시조 시집
'천부경'(○△□)은 (-1)ⁿ이다

自 序 / 時調로 풀어읊는 '天符經' / 5
후 기 / '하늘문' 연 조상의 '인류 개천 선언문' / 203
평 설 / 인류의 시원 사상 '天符經' 미학 시조 / 申世薰 / 9

제1장 ─── 인류 시원 사상 '天符經' 과 '天符印'

0. '天符經' 내력 / 55
1. '葡萄歌' / 57
2. 盤古 흔인씨(桓因氏. B.C.8937)·서시·1~33 / 58~68
3. 金尺 '天符經' / 69
4. '뿌리깊은 나무' / 70
5. 사상 맨처음 휴머니즘(humanism) 가족 / 71
6. 神 理 / 72
7. 玉笛 '天符經'(──萬波息笛) / 73
8. 짚신 75켤레 / 75
9. 天機(○△□)를 누설하다 / 76
10. '天符經'(○△□)은 빼기 1의 '엔' 제곱[(-1)ⁿ]이다⊙·1·2 / 78
11. '天符印' 원(○) 각(△) 방(□)은 / 80
12. '天符印' 노래 그 하나 원(○:天)·1공(空:○)[1]圓·2)기하학적 의의]·2球 / 82~84
13. '天符印' 노래 그 둘 각(△:人) / 85
14. '天符印' 노래 그 셋 방(□:地)·1·2 / 87~89
15. 天山·겨울 神佛山[─2013(계사년) 원단 신불산아래 ㅗㅗ牛野墅에서.]·1·2 / 90~91
16. 흔국(桓國)은 로터리 / 92

辛東益 제5시조 시집
'천부경'(○△□)은 (-1)^{n}이다 ─────────── 차   례

제2장 ─────── 세계 사상의 뿌리 '天符經' 81자의 뜻

제1절／1시 무시1(一始無始一) / 97
제2절／석 3극 무진본(析/三極/無盡本) / 99
제3절／천1·1 지1·2 인1·3(天一/地一二/人一三) / 101
제4절／1적 10거(一積十鉅)·1·2 / 102
제5절／무궤화3 천2·3 지2·3 인2·3(無匱化三/天二三/地二三/人二三) / 104
제6절／대 3 합(大 三 合) / 105
제7절／6생 7·8·9운(六生/七八九運) / 107~113
제8절／3·4 성환5·7(三四/成環五七) / 114
제9절／1묘연 만왕 만래용변 부동본(一妙衍/萬往萬來用變/不動本) / 115
제10절／본심 본 태양 앙 명인 중천지1(本心/本/太陽/昂/明人 中天地一) / 117
제11절／1종 무종1(一終無終一) / 118

제3장 ─────── '天符經' 수리의 전개

'天符經' 수리의 전개·1(—수리와 3正) / 123
'天符經' 수리의 전개·2(—수리와 曆) /1.수리와 曆[5)1·4·7은 性數 2)2·5·8은 法數 3)3·6·9는 體數 4)기타의 역 5)'堯'의 曆制 6)螺旋形 수열(──체수 3·6·9와 법수 2·5·8…)]／
124~128
'天符經' 수리의 전개·3(—수리와 민속)·1.윷 놀 이(柶杯圖)·2.고 누(곤:꼰) / 129~132
'天符經' 수리의 전개·4(—수리와 三六大禮)/1.문헌 근거('단군 세기')·2.절의 몸가짐·마음가짐 / 133~136
'天符經' 수리의 전개·5(—바둑판은 천리·수리의 축소판) / 137~141

차 례

辛東益 제5시조 시집
'천부경'(○△□)은 $(-1)^n$이다

제4장 ─────── 시조로 푼 '三一神誥'

'三一神誥' 가름 · 1('檀紀古史' 序文) · 2(三一神誥) 145~157

   '三一神誥' 제1훈:허 공[1)한웅님 말씀하시기를 '원보 팽우'] / 145
   '三一神誥' 제2훈:一 神[1)신의 세계] / 147
   '三一神誥' 제3훈:天 宮[1)영혼의 세계] / 149
   '三一神誥' 제4훈:世 界[1)우주의 탄생 2)지구의 탄생] / 150
   '三一神誥' 제5훈:人 物[1)인간의 세계 2)수련의 세계 3)망상의 세계 4)成道의 세계] / 153

'三一神誥'와 高王 大祚榮 / 158
'三一神誥'를 옮기면서 · 1(유래) · 2(뜻) / 159

제5장 ─────── 中國은 '四夷枝葉也'

伽倻國의 도읍지 龜山 · 1~33 / 163~172
三韓 이야기 · 1(一3한의 뿌리)/1~13 / 173~176
三韓 이야기 · 2 / 177
三韓 이야기 · 3(一'韓鴈在海中' 都州南) / 179
三韓 이야기 · 4(一3한이 九韓으로) / 180
고려의 강역 江華 / 182
東京의 영고 성쇠 그리고 遼東[1(東京 · 1~5) · 2(遼東 · 1~9)] / 185~189
'山 海 經' / 190
中國은 '四夷枝葉也' 순수한 漢族은 없다[1.(중국은 4夷의 가지이거나 잎 · 1~4)
   · 2(중국인의 디엔에이(*DNA*) · 1~17] · 3(積石山은 天山 · 1~4)] / 192~200
天山 즉 崑崙山 伊甸園 / 201

〈평 설〉
인류의 시원 사상 '天符經' 미학 시조
—— 艸牛 辛東益 제5시조 시집 " '天符經'(○△□)은 $(-1)^n$이다"論

申 世 薰
〈시인·제2대 상고사 학회 이사장〉

1.

'天符經'은 인류 최고의 경전이다. 내 평생 읽은 4만여 권 책 중 가장 최고의 經(글)이다. 경전이란 경전 – 고전이란 고전은 거의 다 읽어본 셈이지만, 70평생 '天符經'만큼 날 감동시킨 글(經)은 없다.

'天符經' 속에는 아인슈타인의 상대성 원리도 들어있다. 1년 3백 65일의 桓曆數理에, 1일 24시 2분의 1인 밤낮(음양) 12시간씩의 수리 개념과 1달 4주 28일에 1주 7일 간의 수리 개념과 1년 12개월의 봄·여름·가을·겨울 4계절(윤3·4)의 무궁 무진 자전·공전 원리 변화(3×4=12) 수리 개념도 들어있다.

뿐만 아니라 인체의 5장 6부의 해부학 개념과 이지구공 구조인 원(○)과 5대양 6대주의 형상(□) 위에 인간(△)이 만물의 영장으로 함께 존재한다는 이치에도 합당하다. 천(○) 인(△) 지(□) 3원 3재 사상으로 이우주를 해석하더라도 맞다. 인간의 머리는 기하학적 구조로 따지지않더라도, 황금 비율로 나눠 律呂를 들먹이지 않더라도, 머리쪽(1)은 하늘의 태양에 속한다. 몸통(2)·팔·다리(3)를 합해 3등분(3)이 된다.

'易'으로 풀면 '天符經' 곳간엔 음양(干:2) 5행이 다 들어있고, 모든 수리 철학과 원리 철학이 다 저장돼있다. 이 '天符經' 원리속엔 공자·맹자·노자·장자·주자 뿐 아니라 제1기 한인 시대 7대(桓因:桓仁:安巴堅 赫胥 古是利 朱于襄 釋提壬 邱乙利 知爲利:壇仁) 단군 천제의 기원전 3301년의 역사 통치 이념이 녹아들어있다.

제2기 배달 神市 別邑 나라 제1대 단군 한웅(桓雄) 천제 거발한부터 기불리 우 야고 모사라 태우의 다의발 거련 안부련 양운 갈고:독로한 거야발 주무신 사와 라 치우:자오지 치액특 축다리 혁다세 거불단:단웅 들 18대 기원전 1565년 천제 통치 이념 정신 사상이 고스란히 저장돼있다.

우리들의 직계 단군 조선 천제 제1대 왕 검 천황으로부터 제47대 단군 고열가 천제까지 기원전 2096년 통치 이념이 고스란히 '經'에 포함됐다. 제1기 제7대 단군 천제 통치 해년 비시(B.C.) 3301년과 제2기 18대 단군 천제 통치 해년 비시 (B.C.) 1565년과 제3기 제47대 단군 천제 통치 해년 비시(B.C.) 2096년이 모두 한민족 조선 상고 역사의 통치 연수다. 총 72대 당글러:당굴:당글:탱글(단군) 천제의 역사다. 제3기 통치 해년만 해도 빛나는 서기전 696년(干:빼기·더하기)의 역사다.

그래서 한기 10951년(서기전 8937+서기 2014), 한웅기 5912년, 단기 4347년, 동이 공(자)기 2565년, 남방 불기 2558년, 서방 예수기(서기) 2014년이 계산된다. '한기' 는 한인 천제의 당글러 제1기, '한웅기'는 제2기 당글러 시대, '단기'는 우리들 東 夷 직계 단군 제3기 당글러 시대의 역사를 말한다.

'공기'는 동방 성인 공자가 동이 조선의 정통 선조라서 동이 공기로 표시한 것, '남방 불기'라고 따로 불기를 설정한 것은 성불한 석가모니 부처 이전 벌써 동방 불교 미륵 부처들(제석 한웅 천제 백불·연등 천자 들)이 여러 명 있었기 때문에 '동방 불기'의 맞불이름으로 붙인 해년이름이다.

옛신라의 부족 국가였던, 5천축 중 인도의 가비라 성 왕자인 고타마 싯다르타 석가모니가 처자식까지 두고 출가해서 동방 지역(돈황 지역)의 미륵 부처들 앞에 나타나 그들의 도법 자연 사상을 직간접으로 배워가 득도했기 때문에, '남방 불기'라 따로 쓰는 것이다. 단군 천제 소호 금천씨 아들 박혁 거세 형제 중 한 명이 이라크 시조 단군으로 파견돼갔다면, 인도 가비라 성이 신라의 옛부족 국가였다는 내 말에 이해가 갈 것이다.

'동방 불기'는 제석 한인 백불 천제부터 도통 미륵으로 '법화경'을 내리 설법하고 그후예들에게 전수해왔으니까(이중재), '한기'가 바로 '남방 불기'에 대비된 '동방 불기'라 해도 무방할 것이다.

제석 한인 천제는 9통을 한 인류 최고의 '道通天地無形外'의 제석·백불 존재로 우리 황인종의 최상고 할아버지 천제이기도 하다.

'帝釋'은 성불한 '부처'의 '佛'보다 높은 위치의 존칭 이름으로, 9통한 '제석'이 된 성인에게만 '白佛'이란 존칭을 붙이게 돼있다. 그래서 '天符經'의 창시자 한인씨에게만 '제석 한인 천제'라 부를 수 있는 것이다.

6통밖에 못했다는 석가모니의 고국 가비라 나라 성도 옛날엔 중원땅에 속해있었다. 그러나 15세기에 日本이 세계 지도를 다시 그릴 때 중원(중국)땅에서 가비라 성을 인도땅으로 붙여 제단하려고 그만 동방땅에서 잘라가버렸던 것이다.

우리가 '인도 불교, 인도 불교'라 모두들 입버릇처럼 얘기하곤 있지만, 실제는 신라 부족 국가였던 중원땅의 동방 신라 불교에 불과한 고대 우리들 조상의 정신 유산인 것이다. 지금 인도에 가봤자 불교보다는 힌두교같은 타종교가 훨씬 더 번창해있다. 원래 불교의 원리가 인도 북방, 중원땅 서북방의 것이지, 당초 순수 인도의 남방쪽 것이 아니기 때문이다.

역사 지정학적 개념이 이렇게도 달라졌을까. 일본은 왜 천축국의 가비라 성을 중원땅으로 그대로 두지않고 인도쪽으로 잘라넘겨 새삼스럽게 세계 지도를 바꿔 제작했을까. 그때 중원땅의 '東京'도 일본으로 가져가버렸다. 그래서 중원 불교,

신라 불교, 혹은 중국 불교가 아닌 더구나 동방 불교가 아닌 서남방녘의 수입 불교·이민 불교 즉 인도 불교가 돼버린 것이다. 그래서 동방 불교가 아닌 남방 불교가 돼야 하는 것일까. 역사의 뒤안길에 숨겨진 비밀은 이렇듯 사람들을 무식하게도, 그 반대로 유식하게도 만드는 요술방망이 가짜애물단지 들이다.

동방의 성인·군자뿐 아니라 서방의 성인 군자 들 모두가 이 '天符經' 심상속에 갇혀있었다고 해도 과언이 아닐 것이다. 철학자나 수학자·종교 창시자 모두 이 1만년 전의 인류의 시원 사상인 우리들 '天符經' 사상의 영향을 제외한다면 그들의 핵심 철학 사상의 원리가 애초부터 성립되지않았을 것이다.

그만큼 '天符經' 원리는 인류 역사상 최고의 시원 사상 원전 원리의 다물 정신 경전이기 때문이다(朴容淑의 '한국의 시원 사상'. 문예 출판사. 참조.).

신라 충신 박제상이 쓴 '징심록'('澄心綠':'符都誌)의 '麻姑城'은 바로 반고 제석 한인 천제(B.C. 8937.)의 탄신지다. 그는 3천 명의 무리를 거느리고 天山 지역의 三危山에 올라 아랫세상을 내려다보고는 伊甸園(和田:에덴)이란 나라를 세웠다. 이때가 上元甲子(B.C. 8937.) 10월 상달 초사흘(3일) 곤륜산(天山) 자락에 나라를 세우고 '에덴(伊甸:이덴) 동산'에 도읍(서울:평양)했다.

지금의 감숙성 燉煌 지역에 배달 神市(蘇塗:수두) 나라를 열었다. 여기서 전지구 상 지금의 유럽 지역·아프리카 지역·소련 연방·아시어 동서 남북 전지역(황·백·적·남·棕色 5인종)을 다스렸다. 상조선 역사책인 山海經이 이를 알려준다. '海西 서남끝에서 서북끝자락까지'('山海經 海西 '西經'), 東方 천지를 합쳐 12桓國(汗國韓國:호국)에 이른다.

'漢文'이라는 '漢字'(韓字)도 한인 천제 때부터 창제하기 시작한다. 그 증거로는 지금까지 지은이가 밝혀져있지않은 한문 '옥편'이나 '山海經' 들이 말해준다. '옥편'은 우주 철학 원리로, 흔사상인 '天符經' 원리의 자연 三才(天人地)·5행(수목화토금) 순리인 뜻글자이자 소리글자로 엮여져있다. 뜻·소리의 문자인 이원리는 모두 한인(桓因) 천제 白佛 帝釋이 9통이나 도통한 결과 얻어낸 인류 최고 도인의 깨달음에서 연유한다.

桓因 시절 曆制도 그렇거니와 '敬天愛人地' 사상 역시다. 이때 이미 인간 생활에 필요한 3백 60여 가지나 되는 생활 신조 법조항을 제정한다. 이로써 일반 백성을 인성 교육하며 전쟁없이 다스렸다(위의 내용은 '한단 고기' '유학 수지' '역대 신선 통감' '중국 사전 사화' '중국 민족사' '상고사' '조선 도교사' '해동 석사' " 天符經 源典' 들에 기록돼있는 내용들이다.).

상고사 학회 창립 초대 회장인 律坤 李重宰의 '한민족 우주 철학 사상'(2009. 도서 출판 상고사. 13쪽.)에 의하면, 물체 본질의 휘근원인 白衣民族의 흰색바탕은 혼 사상에 의한 한민족의 평균 통합 빛깔이다.

1만 1천 년 전의 사람 文考는 한인씨의 장인이고, 한인씨 부인은 莫知(아지매)라는 神女였는데('고려사 절요' 528쪽·531쪽.), 한인씨의 지혜는 그의 도통한 장인과 부인의 영향에 의해 그도 배워 9통까지 도통할 수가 있었던 것. 이 9통 성인 때 9×9=81자 4통 5달 우주 시원 원리 '天符經'이 태어났다(박재상의 '징심록'/계연수의 '한단 고기'/'농암 유고' 들에 게재.).

한인 제석 천제의 아버지 有因氏 고향 역시 符都('부도지' 56쪽. 17장/김은수 역해.)였다. '符都'란 단군 한인 제석 백불 천황의 도읍지 天山 麻姑城 伊甸園(이덴:에덴)을 말한다.

배달 조선의 짚신과 똑같은 짚신이 미국땅 오리건 주에서 발견됐다. 이에 艸牛는 '짚신 75켤레'라는 시조를 썼다. 2백여 년 역사밖에 안되는 미국의 학자들에 의해 9천 년 전의 것이란 탄소 측정 결과가 나왔다. 이는 이미 9천 년 전에 우리들의 조상인 작은할아버지(?) 들이 친4촌 치우+황제 싸움(인류 최초 세계 대전임.) 때 이를 피해 1만 2천여 년 전 빙하기 이후 얼어붙은 베링 해협을 거쳐 이동하다보니, 미국 대륙을 발견하게 됐다는 얘기다.

컬럼버스보다 약 1만 년 전에 벌써 우리 황인종의 본집 곁가지 작은집 할아버지들(?)이 미국 대륙을 찾았다는 뜻이다. 그것도 그시절 맨발이 아닌 문명인의 짚신신발까지 발명한 다물 흔민족의 머리좋은 동방 혈통이 아니었던가 말이다.

그때 황인종 외의 유색 인종들이나 백인들은 역사도 언어도 없었던 생판 미개인 시절이다. 그들은 추운 극지방에 쫓겨나 살거나 뜨거운 열대 지방으로 밀려나 살았다. 당시 무식한 인종 중의 한무리였던 백인들은 '0'(영)의 개념도 모르던 미개인들이었다. 그러나 문명·문화인이었던 황인종들에게는 '天符經' 시대부터 '0'의 개념뿐 아니라 '첨과 끝이 한몸'이란, 즉 '0'은 '1'(0=1)이란 개념까지 은근히 파악할 수 있었던 지혜마저 깃들어있었다. '天符經' 원리 덕이다.

이로 인해 현대에 와서 '0은 우주 자궁이니, 마이너스 1(-1)이다.'[艸牛. 시집 제1절 '1시 무시1'('一始無始一') 3수 첫행.]라는 시조 한 구절까지 뽑게 된 것 아닌가.

하긴 단군 왕검(B.C. 2333.)이나 요임금(B.C. 2357.)이나 다같은 공간·시간의 동시대 사람(24년 차이)이다. 단군이 곧 저 유명한 요순 시절의 陶唐氏 요임금이란 주장을 (이중재)할 만도 하다. 그리고 '1적(積) 10거(鉅)'('天符經')는 우리가 즐겨 두는 19칸 바둑판 원리가 아닌가. 이른바 데카르트 좌표계가 이렇다.

이미 우리 민족은 그때부터 도통한 세계 빛나는 우수 문화 민족이다. 1년 13개월의 한 달 4주에 1주 7일은 한 해 3백 64일 더하기 섣달 큰달 1일(3백 65일)이 자랑스런 桓曆(B.C. 8937.)이다. 3년 반만에 덤으로 윤 1일이 돌아오는 것까지 합산해서 '天符經'은 1년 3백 65일이란 달력 원리까지 그러안고있다. 1년 4계절 열두 달 24절후가 원각방(○△□:1·2·3) 원리안에 28수(宿)로 다 녹아있다.

고인돌 구조도 天人地 3재 사상의 원리 건축 설계 무덤이다. 이래도 '天符經'이 세계에서 가장 짧고 가장 위대한 이우주 원리의 핵심 경전이 아닌가. 어느 종교 단체에서라도 절대로 '易學'이나 '天符經'을 두고 글쎄 '미신'이라거나, '민속'이란 말을 할 수가 없는, 만유 인력까지 파악되는 과학적인 기하학 律呂 진리의 대수·기하학 수리 경전이다.

艸牛가 쓴 '天符經' 풀이는 물론, '三一神誥'도 그 '찬'은 발해 高王(대조영)이 다 써놓았고, 이런 소재를 역사상 時調로 푼 이는 艸牛가 최초. 처음 대조영이 역사 기록이 남아있지않은 고구려를 안타까이 여겨 大野勃을 시켜 '고구려사'를 쓰게 했다. 자료를 구하러 터키(돌궐:東夷 한핏줄나라.)까지 가서 '渤海文'(古碑·遺文·바윗글)까지 채록하고, 石室에서 잠자던 장서를 거둬와 한자로 번역-장장 13년만에 '고구려사'를 완성했다.

고구려는 망해도, 그만큼 조선땅은 크고넓었다. 東西 5만 리, 남북 2만 리가 전부 천제들이 다스리던 東夷 조선땅과 바다이다. 말하자면 '天符經' 민족이 중원땅뿐 아니라 그당시 세계를 전부 지배하고 있었던 셈이다. 지구위 살기좋은 땅 온대 지방은 모두 황인종이 다 차지하고 살았다.

'1·4·7, 일삼·이팔(13·28), 삼육사(364) 무한 수열.' '사람 생리 주기 28, 역의 원리 그대로다.'['天符經' 수리의 전개·5(-바둑판은 천리·수리의 축소판) '바둑의 어원' 3수째.]라는 辛東益의 시조 구절도 이 '天符經' 때문에 태어났다.

이 '經'은 한민족의 자랑이다. 제1기의 한인 단군 천제 시대 다음 제2기 단군 천제 한웅(桓雄. B.C. 3898.)이 神誌(직책) 赫德을 불러 한인 적(B.C. 8937.) '天符經' 81자를 죽간에다 鹿圖文(녹두문)으로 쓰게 했다. 바위나 비석에도 새기게 했다.

신라의 원시조는 소호 금천씨(B.C. 2578.)다. 이분이 곧 박혁거세의 아버지다. 김부식이 혁거세가 알에서 나왔다고 받들어 이름지은 '박'이라는 '朴' 씨다. 박혁거세의 후손들은 朴 씨가 아니라 실제성은 金 씨들이다. 이런 얘기를 고인이 된 박화목 시인 생전에 술자리 면전에서 말했다가 '남의 성을 간다.'면서 뺨까지 맞을 뻔했다. 그러나 역사적 사실이니까 뺨을 맞더라도 할 수 없는 일 아닌가.

고구려의 원시조는 제곡 고신씨(B.C. 2482.)다. 陶唐氏(요임금. B.C. 2357.)는 직계 단군 할아버지와 같은 세대 사람, 이를 증명이라도 해주는 역사책이 '山海經'이다. 이책 권12 '海內北經' 1항조에 '海內西北隅以東者'라고 적혀있다. 한반도땅의 무려 40배나 되는 중원땅이 모두 東夷 조선땅이란 것이다. 인류 최초 역사책인 '山海經'은 중국 역사책이 아니라 우리 조선 역사책이다.

" '通志'나 '通典'에는 중국 민족 아예 없다./모두가 동이 9족 4夷에 속한다./오늘날 중국 根幹은 4夷 지엽 그거다."("0.중국은 '西夷枝葉也'…" '1.중국은 4夷의 가지이거나 잎'의 1-1.). 이런 艸牛 시조 작품이 나올 수 있도록 '資治通鑑' '唐書篇' 1백 95권, '唐紀' 11권 들의 기록이 뒷받침해준다.

'四夷中國根乾也' '四夷技葉也' '中國如根本四夷('자치 통감' 193권. '唐紀' 9권.)라는 기록도 있다. '사기'를 쓴 사마천도 "나는 감히 '山海經'에 대해선 말 못하겠노라."라는 말을 남겼다. 왜냐하면 '山海經'에 나오는 얘기가 모두 조선 역사였기 때문이다. '중국 역사가 모두 조선 동이 역사라.'고 썼다간 이번엔 宮刑이 아닌 참수를 당할 수 있기 때문에.

四夷란 東夷 조선은 물론 예·마한·진한·변한·백제·신라·왜·부여·고구려·동옥저(북부여)·읍루·물길(말갈)·부상(女國)·文身(大漢)·流求·閩奧…들의 나라를 말한다. 이나라들의 핏줄은 중국 한족이 아니다. 이는 중국 謝小東 교수가 디엔에이(DNA) 조사까지 해서 밝힌 바 있다.

3황 5제나 우·탕·문·무·주공·공자·진시황을 포함한 9한은 순수 한족이 아님을 논문으로 써서 공개했다. 중국의 한족은 원래 東夷 묘족이었다. 이들은 먼옛날 동이 조선 세력에 밀려 서방으로 쫓겨났다가 서양 문법과 싸움기술을 배워와서 평화롭게 농사짓고 도를 닦으며 잘 사는 원고향의 주인인 東夷 조선 선비 세력들을 대륙에서 東南方으로 밀어낸 것이다.

日本 九州도 옛적엔 주나라땅이다. 여기까지 노예를 귀양보내 '倭奴'의 땅이라

했다. 강제 유배지가 日本(九州) 섬땅이다('새고려사' 598쪽.이중재 저.명문당. 1990.).
마한(副王) 54나라나 辰韓(主王) 12나라, 변한(副王) 12나라, 모두 78나라들을 진한
맏집 단군 천제가 다스렸다. 진한에 맏집 천제를 두고, 이천제가 변+마한에 동생
이나 아들 격인 부왕들을 보내 다스렸다. 中原 땅 만주 지방만 빼고, 남은 땅은
마한·진한·변한의 3한이 거의라고 했다.

'東京'도 여러 번 변했다. 옮겨가고옮겼다가 지금은 日本 東京이 옛날 중원땅의 그
동경이란 이름으로 옮겨간 명칭이다. 한무제 왕망 때는 서울이 玄菟(西安:시안)였다.
이곳이 積石山 기준 위도 85도였을 때는 ①첫'東京'이다. 서안 중심 위도 1백 10
도 때는 洛陽이 ②東京이고, 위도 1백 20도 기준 시절 때는 北京이 ③東京이다. 그
다음은 泰天이 ④東京 -즉 지명이 바뀌어 瀋陽이 東京이 된 적이 있다. 그러다가
明 나라가 혼란스러워져 약해졌을 때 중원땅 東京이 日本 땅으로 건너가 지금의
⑤東京이 된 것이다. 日本이 대륙 중원땅의 東京이란 이름을 훔쳐간 격이다.

곤륜산 시절 즉 춘추 전국 이전 위도 80도 기준 때는 天山이 곧 곤륜산이다.
이때 위도 80도 기준으로 西는 遼西라 했고, 東은 遼東(東夷:신강성·감숙성·청해
성·서장성)이라 했다. 위도 85도 기준 때도 積石山(天山) 기준으로 요서·요동이
갈라졌다. 지금의 요동땅은 아니다. 西安(시안) 기준 위도 1백 10도 때는 남북 기
준으로 西는 요서, 동은 요동으로 나뉘었다. 1910년엔 북경 동쪽 난하 1백 20도
기준으로 해서 대륙쪽은 요서, 만주쪽은 요동이라 못박았다. 이것이 조선 역사
왜곡의 시초가 될 수 있는 동기가 됐다.

청나라 건륭 황제가 60여 명의 학자를 동원해서 40여 년 간 조선 역사를 폄하
시켜 왜곡했다. 콧대높은 이성계의 조선 역사를 중국이 깔고앉기 위해서 역사책
이란 역사책마다 모두 '역사바꿔치기' '역사뒤집기' 작업을 한 것이다.

그다음 日本이 또 우리 조선 역사를 깔아뭉개기 위해 '日本書紀'를 뒤집어 고

쳐 조선을 지배한 다음 조선 역사를 모두 폄하시켜 日本보다 조선이 더 아래라고 하며 거꾸로 가르치기 시작했다.

심지어 단군 천제의 사실 역사를 신화로 돌려놓고, 72명이나 되는 단군을 흡사 한사람 뿐인 양 '곰의 자손'이라 가르쳤다. 어지간하면 역사 전통 사실 모두를 미신이라 가르쳤다. 조선을 영원히 통치하기 위한 전략 전술적인 愚民政策이다.

위의 이러저러한 조선의 역사와 '天符經' '三一神誥' '三韓 이야기' '山海經' '天山 즉 곤륜산 伊甸園'의 역사 진실 미학이 艸牛 辛東益의 시조 " '天符經' 노래 그 하나원(○:天)"들을 통해 고스란히 전해진다.

2.

艸牛 辛東益 제5시조 시집 " '天符經'(○△□)은 $(-1)^n$이다"엔 東夷 선조 우주철학이 시조마당으로 초석자리나 명석 펼쳐지듯 펼쳐진다. 제1장엔 "인류 시원 사상 '天符經'과 '天符印' "이 꽃방석으로 펼쳐지고, 제2장엔 "세계 사상의 뿌리 '天符經' 81자의 뜻"과 " '天符經' 수리의 전개"(제3장) 및 "시조로 푼 '三一神誥' " (제4장)까지 3·4·5·3조 時調律格으로 풀려진다. 마지막 제5장엔 "中國은 '西夷 枝葉也' "란 증언까지 시조 가락으로 방석깔 듯 펼쳐보인다.

제5장의 구체적인 제목을 들어보면, 이시조 시집의 상세한 내용을 알 수 있다. '伽倻國의 도읍지 龜山'(1~33) '三韓 이야기'(1~4) '고려의 강역 江華' '東京의 영고성쇠 그리고 遼東'(연작 시조) '山海經' "중국은 '四夷枝葉也' 순수한 漢族은 없다"(1~3) '天山 즉 곤륜산 伊甸園'…이다. 제목만 훑어봐도 우리 조선 역사 사실 내용이 훤히 짐작된다.

그러나 이러한 '三一神誥'(제4장)나 '天符經' 수리(제3장), 81자 '天符經' 뜻풀이(제2장), '天符經'과 '天符印'(○△□)의 내력과 金尺 그리고 제석 한인 천제(B.C. 8937.)

및 神理・玉笛・짚신 75켤레(화석)… 들(제1장)까지 이 어려운 역사・易學 소재를 時調로 쉽게 풀어냈다는 것은 우리나라 상고 역사 학계뿐 아니라 서양 이론에만 관심을 둔 한국 문학사를 두고도 큰의미를 갖는다.

지금까지 時調詩林에서 아무도 이분야에 본격적으로 연구・분석해서 작품화하는 데 손을 댄 시인이 없었기에 더욱 그렇다. 과연 이 어려운 분야에 맨먼저 용감히 뛰어들어 그나마도 시조 형식으로 '天符經' '三一神誥'…들을 재해석해 文學 형식으로 썼다는 데는 만세 3창을 불러줘야 할 것같다.

3.

이제 艸牛의 작품을 불러낼 때가 왔다. 이시조 시집 중에는 큰제목으로 열대여섯 편이 손꼽히고, 연(작)시조 내부에 속하는 연작품(首)까지 합하면 빛나는 가작이 무려 50여 수가 넘는다. 편수속에 포함된 연작 수(首)는 뛰어난 시조가 많아 사실 편(篇)에 포함시키기는 아까운 작품도 여럿 있다.

편속에 녹아있는 한 수 한 수씩은 성정이 꽃답게 피어있어 좋아도 편속의 평균값어치에 포함돼버릴 경우 그향기와 그효력이 그만큼 낮아져버리는 안타까운 경우가 있다.

내가 뽑아본 잘된 작품으로 시조 '山海經'(제5장) '天山 즉 곤륜산 伊甸園'(제5장) "'天符印' 노래 그 하나 원(○:天)"편의 제목아래 '1.공(空:○)'이 소제목으로 들어 있고, 그 소제목 '1.공(空:○)' 안에 또 포함된 首題 '1)圓'(제1장)이 최상품 들이다.

시조 "7.玉笛 '天符經'"(一萬波息笛) '9.天機(○△□)를 누설하다' "11.'天符印' 원(○)・각(△)・방(□)은" '16.훈국(桓國)은 로터리'(이상 제1장)가 뛰어나고, " '三一神誥' 제1훈:虛空" ' '三一神誥'를 옮기면서'(2.뜻' 3수 중 첫수 " '三一'은 '三神一体', 뜻으론 '三眞歸一'/理致를 나타내며, '神誥'는 '神'의 말씀/신명한 글로 말씀한 것', 이것들을 이른다.")(이상 제4장)가 향기롭고빛난다.

그리고 '伽倻國 도읍지 龜山·1~33' 중 7·9·10·12·13·14·15·16·17·18·19·20·23·25·28·31(이상 16수)과 '三韓 이야기·1~13' 중 1·2·6·10·13(이상 5수), '三韓 이야기·4' 중 두 번째 수("三韓이 그후 9韓, 갈라진 韓國 나라/기록상 '3국 유사' 깜짝깜짝 놀랄 일/여기서 역사의 맥락 바로짚어 내야 한다."), '고려의 강역 江華'(네째 수/다섯째 수/여섯째 수/아홉째 수/열한 번째 수), "中國은 '四夷枝葉也' 순수한 漢族은 없다"['1.중국은 4夷의 가지이거나 잎'의 2-11·2-12·2-13과 '3.積石山은 天山'(3-1·3-2·3-3·3-4) 全首]의 시조 작품들이 이시대 정형 時調詩林에서는 역사미학으로 근대를 달아 그값을 올려치자면 퍽이나 두드러진다.

4.
저 黃帝(B.C. 2679.) 그때부터 夏禹氏(B.C. 2224.) 세상까지
天山을 중심 7대 제왕 간 걸친 기록
산에서 들로 내려온 動·植·鑛物 全部族史.

그당시 지구위엔 국경이 없을 때다.
'海內는 서북쪽서 동녘땅 예까지다.'
유럽과 러시아 연방도 天子(東夷) 나라 제후국.

'산해경' 7대 역사 기록을 세웠지만
상상고 군데 군데 그기록 돋보인다.
복희씨 그때부터 기록한 역사서는 아닌가.

夏禹氏 시절까지 32권 정리했다.

東晉 효무 황제 때엔 郭 璞이 18권 엮어
압축한 지은이 못밝혀 郭 璞 이름 새겼다.

겉으론 '산해경'이 보기따라 그렇다.
원숭이 동물 농장 새·물고기·식물 공원
도깨비 소굴같아서 신화로만 치부됐다.

그것도 아름답고 긴 東夷 역사서를
단순한 신화 은폐 날조해 꾸며놓다.
중국의 대학자들도 두려운 게 이점이다.

━━━艸牛의 시조 '山 海 經' 全文

'山海經'은 예부터 말씀으로 써내려져오던 역사얘기다. 黃帝 시절부터는 본격적으로 쓰여져 내려온 것이다. 그 무렵 素問과 岐佰의 문답식으로 엮어진 '黃帝內經'은 韓醫原書다. 이런 형식으로 엮어져내려온 '山海經'은 대륙 산천 각지 동식물 생태와 여러 씨부족 나라 인구 조사 내력이 흡사 '동물의 왕국' 해설서처럼 풀어져가며 쓰여졌다. 伏羲氏를 흰뱀(白蛇), 한인 제석 백불 천제를 흰개(白犬), 이런 식으로 비유해 쓴 사서가 '山海經'이다.

인류 최초 아홉 번 도통한 대성인 한인 천제를 첫부처란 뜻에서 白佛이라 했다('南本大經'). 흰부처 白佛은 '우주의 본체가 흰것에서 유래됐기에 우주를 깨달은 부처라는 뜻'(律坤)이다. 사람이나 부족 이름 하나 비유하는 데도 우주 진리에 의해 이름지어붙여졌다.

白佛을 帝釋桓仁(因)氏라고도 한다. '帝釋'은 이우주 만상의 원리와 만유 만물을 맨첨 깨우쳤다는 뜻에서 붙여진 호칭으로, 미륵부처나 다름없다. 그다음 미륵부처는 然燈 金蟬子(BC.8011.)다. 석가(BC.968.)는 그다음이다. '釋迦'란 뜻은 '나중에야 만유를 깨달았다.'(이중재)는 말이다.

'山海經'을 엮어가기 시작한 黃帝의 아들이 바로 박혁거세를 낳은 산동 반도의 小昊金天氏(BC.2578.)이다. 곧 소호 금천씨가 신라 시조가된다. 오늘날 경찰 모표 상징인 독수리가 하늘을 높이 날며 세상을 내려다보던 그 눈밝은 새가 바로 소호 금천씨의 상징 동물이다. 神農氏 부족 상징은 호랑이, 황제는 곰을 상징하는 국가를 다스렸다.

司馬遷은 '史記'('帝王篇)에서 부족 대명사로 '곰(황제 국가)이나, 호랑이(신농씨 부족)로 상징해 쓴 것은 적들에게 위엄있게 보이기 위함'이라 썼다. 이렇듯 '山海經'에 나오는 동식물 상징 비유 이름들은 동화같은 '동물의 왕국'책에 나오는 동식물들 이름이 아니라, 비유·해학·풍자의 문학적 메타퍼로 쓴 상고대 인류의 夷族 부족들 역사책이었음을 말해준다.

흰개(白犬) 白佛 한인 제석 천제는 '盤古'라고도 한다. 나침반도 없이 3천 명이나 이끌고 만 리길 돈황 지역(伊甸園:에덴 동산)으로 옮겨와 전통 국가를 세웠다고 해서 '盤古氏'(有神氏:混沌氏)란 별칭이 붙게 됐다. 신과 같은 고대 사회 지도자였기에 '有神氏' — 혼돈 시대에 태어난 성인이란 의미에서 '混沌氏'란 별칭이 따라붙게 된 것이다.

이렇듯 한민족사는 흰개다, 흰뱀이다, 곰이다, 호랑이다…로 상징되면서 복희씨(BC.3512.) 신농씨(BC.3071.) 황제씨(BC.2679.)로 이어져 내려오면서, 이때부터 정식 조선 역사는 '山海經'으로 시작해 쓰여져 왔다. 이동방 역사 '山海經'을 동양 3국(한·중·일) 학자들이 입을 모아 짐승이나 물고기·식물이름으로 해석해서 풀어버려 흡사 동화나 신화속에 나올 법한 동식물책으로 비하돼버렸다.

고대 '山海經'은 지은이도 없이 32편(夏禹氏까지)으로 기록돼오다가 후에 교정·교열을 거치면서 22편으로 줄여졌다. 이를 東晉(효무 황제) 나라 郭 璞이 다시 18편으로 고쳐엮어 淸나라로 전해졌다. 고대로부터 내려오던 원전 '山海經'은 세상에 없다.

'山海經'의 '山'은 부족 국가의 삶터를 뜻한다. 넓은 바다와 같다는 뜻의 '海'는 넓은 들판의 나라를 뜻한다. '山海經' 속에 나오는 동식물이름들은 실제 고유 명사인지 아니면 부족을 상징하는 부족 대명사인지를 잘 구별할 수 없는 부분도 더러는 있지만, 아직 아무도 이를 분명하게 못풀고 있는 실정이다. 그러나 아무튼 '山海經'은 조선 역사책이며, 동화나 '동물의 왕국'같은 신화적 그림책은 아니란 것을 艸牛詩人은 시조 '山海經'에서 定型 律格으로 밝혀냈다. 時調界 文學史의 성과다.

4-1.

'이덴'인 和田 땅은 상고대 적 伊甸園.
유럽은 '에덴 동산' 그런 말 하며 쓴다.
'성경'엔 '에덴 동산이 동방 쪽'이라 쓰였다.

고대엔 중국 나라 실제 이름 없었다.
積石山(위도 85°) 기준해서 동이족 역사뿐
동이맥 동이핏줄타고 壇君들이 이었다.

'산해경' '黃帝宮'과 사당도 나와있다.
穆王과 西王母도 궁맞춰 정교놀이
鍾山을 '곤륜산'이라 황제부터 불렀다.

天山을 白山이라 4계절 불러왔다.
늘 흰눈 덮여있어 붙여진 이름이다.
印·中의 접경 지대로 상고 적엔 天山이다. <

곤륜산 위쪽으론 초록들 펼쳐졌다.
산에는 아름단 풀 이상한 새와 나무,
옥보물 예쁘디예쁘고 짐승들도 많았다.

朴堤上 지어갚은 '符都誌'('징심록) 이르기를
天山의 麻姑城엔 地乳가 솟구치고
盤古가 나라세운 곳이라 자상히도 밝혔다('부도지' 5장 29쪽.).

──艸牛의 시조 '天山 즉 崑崙山 伊甸園' 全文

燉煌 지역엔 天山이 있다. 天山은 崑崙山이다. 곤륜산엔 伊甸園이란 나라가 있다. 이전원은 和田으로, '伊'는 서방으로 가서 '에'로 변하고, '甸'은 '덴'으로 발음이 변해져 '伊'와 '甸'은 '에덴'이 된다. '성경'속의 '에덴 동산'이 바로 여기다. 동방 天山 和田이 바로 '에덴의 동쪽' 伊甸園이다.

麻姑 시대엔 伊甸園이 '麻姑城'이다. 마고성은 산스크리트 어의 고향 어머니 격인 悉曇國 실담어가 탄생된 원고향땅이다. 실담어는 동이 조선 왕족 언어였다. 이언어의 원뿌리말이 내려와 아직도 제주도・전라도・경상도・함경도 방언속에 많이 남아있다. 원래의 조상 정통 왕족 언어인 이들 언어가 사투리로 몰리고, 느닷 서울 잡스런 빠르디빠른 경박스런 쌍말들이 현금 표준말이 되어 이나라 교과서를 역학적으로 지배하고있다.

한글(큰글) 28정음은 加臨土文 38정음에서 태어났고, 가림토문은 원형 원시 언어가 산스크리트 어로 연결되어, 이원시 모어 산스크리트 어는 다시 실담어로 상승 연결된다. 실담어는 麻姑時代나 伊甸園 그적의 실담국 시대의 언어층으로 올라간다. 이실담어가 바로 황인종 맏집자손의 왕족 혈통으로 흘러내려온 東夷 조선어의 정통 문화 언어인 正音이다.

세계 언어의 原始母音(마더 랭귀지)인 마마·아바·아지매·알·흔·말·물·마리·간·칸·한…들이 이젠 사투리로 비하된 채 정통 국어에서 저만치씩 밀려나 천대받고있다. 우리들은 '훈민 정음 언해'에서 나오는 실담어뿌리말인 우리 토종 정통 토속말을 거의 버리고있다. 이것이 한국 언어 문화의 혈통 말살 정책 역사다. 모질고매섭고거친 언어만이 살아남아 정통 혈통 왕족 언어를 배척해버린다. '악화가 양화를 구축'해버린 셈이다.

동이족 비단길(실크로드) 역사 언어의 積石山(天山) 문화 정신 혈통을 찾아내려는 이가 바로 艸牛 辛東益 시조 시인이다. 이분은 선비 중의 선비요, 文林社會의 文人 중 詩林 최고의 상고사 연구 시인에 속한다. 이분이 천산:백산:적석산:鍾山:곤륜산:伊甸園:실담국:麻姑城:'符都'의 땅젖(地乳)과 한인 제석 천제 白佛 盤古를 소재로 시조를 써낸 건 당연지 사요, 자연스러운 일이 아닌가.

'성경'에 나오는 '에덴 동산'이 바로 동방 동이 조선의 원고향이란 사실을 기독교인들도 알아두었으면 한다. 목사·장로·권사·집사·전도사…들도 알고 종교를 믿어야 이나라와 이민족이 바로선다.

불교를 믿는 승려·거사·보살·불도 도반들도 오늘날의 '법화경'이 단군 한인 천제 白佛 미륵 부처 제석 천황이 설법해오던 '경'(글)이란 사실(이중재 연구)을 알고나 염불을 하든 목탁을 두드리든 거시기 머시기해야 할 것 아닌가. 이렇게 말하는 나를 기독인들은 '사탄'이라 하겠지, 불도 도반들은 나를 후안 무치 지옥 유황불에나 빠질 인간이라 하겠지. 그러나 이사실은 모두 '대한'이란 말이 '대칸'이란 뜻과 사실로 같다는 것과 마찬가지로 '흔국'이 '韓國'과 '漢國'이란 말 모두 같은 '뚱이말'뜻의 뿌리말과 같다는 사실과도 마찬가지 혈통적 진리는 상통한다.

이는 艸牛의 시조 '天山 즉 崑崙山 伊甸園'의 뜻을 자상하게 풀어보더라도 같은 결론이 나온다. 天山은 伊甸園 崑崙山이자 麻姑城:실담국:에덴 동산이다. 우리는 아담의 자손이자 직계 단군의 자손이다. 아브라함의 자손은 방계의 외방 자손들이다. 곧 우리들은 직계 아브라함 자손이 아니라 단군의 직계맏집 자손들이다.

4-2.
1.공(空:○)

1)圓

'저푸른 하늘이, 하늘이 아니며
저 아득한 허공이 푸른하늘 아니다.
모양도 바탕도 없고, 시작도 끝도 없나니….

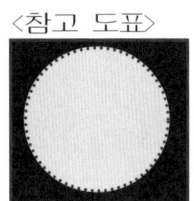
〈참고 도표〉

위아래 4방없고, 텅 비었을 뿐이다(공:0).
어느 곳 없는 곳없이 두루두루 다 있고
온갖 것 다 감싸안으면 빠트림도 없느니….'(색:1).

비었어, 비었어라, 9만 리 장천 비었어라.
지우개로 지운 듯 지워져서 비었느니.
그제야 '환혼(桓) 빛' 햇덩이 밝아오는 저해님!
────艸牛의 시조 "12. '天符印'노래 그 하나 원(○:天)" 全文

'天符印' 개념은 원각방(○△□:1·2·3) 天人地 사상 원리다. 그중 하나(一) 개념이 원(○)이다. 원은 하늘(天)이다. 하늘은 공(○)이다. 공(零:0)은 '空'이다. '저푸른 하늘'('1)圓'의 초장 첫 구.)은 '空'(○)이며, '圓(零)이다. '圓'이 '零'이므로, '하늘'(○:

一:1)은 '하늘이 아니'('1)圓'의 둘째 구.)다. '저 아득한 허공이 푸른하늘 아니다./모양도 바탕도 없고, 시작도 끝도 없나니…'('1)圓'의 첫수 중·종장.). 이는 흡사 '一始無始一' '一終無終一'과 같은 '天符經' 사상 원리이다.

있는 것도 없고, 없는 것도 있는 '1'과 '0'의 세계, 비어도 빈 것이 아니고, 차도 찬 것이 아닌 '환혼(桓) 빛' 속의 어둠이 밝아오는 햇덩이(○) 세상앞의 '空卽是色'이다. '空'의 하늘사상이 "'天符印' 노래 그 하나 원(○:天)"의 사상이다.

'0'의 개념은 '無'와 '有'의 개념 중간에 놓인다. 1·3·5·7·9와 2·4·6·8·10의 수리 허수·실수 사이 음양 수리 합일의 개념이 '0'의 개념이다. '0'은 '9'가 끝난 다음 '10'의 수리 개념이다. '없음'과 '있음'의 시작과 끝의 개념이 '一始無始一'의 개념 즉 '始終' 개념이다. 있는 것도 없는 것도, 환한 것도 어두운 것도 아닌 '空'의 개념이 '그 하나 원(○:天)'의 개념과 통한다.

艸牛의 시조 " '天符印' 노래 그 하나 원(○:天)"의 '1.공(空:○)'의 연작 시조 첫편('1)圓') 3수가 그러한 '天符經' 사상속의 '天符印'을 풀어 읊어준다. 그의 주에서도 잘 설명돼있다.

*1)'3·1 신고' 제1훈: '허공'. 蒼蒼非天/玄玄非天/天無形質 無端倪//無上下四方/虛虛空空/無不在無不容.
*1절의 천(하늘:우주)은 공(空 즉 0)으로 법을 설한 것이고, 2절의 천(하늘:우주)은 빈 것 같으나, 색(色 즉 1)으로 차있다고 한 것이므로, 공사상인 '색즉 시공 공즉 시색'과 다를 바 없다. 불교와 8393년이란 시공을 두고있다. 그래서 고려 시대 一然 스님은 '3국유사'에서 혼인(桓因) 님을 '帝釋'이라 칭했다.

——艸牛의 시조 '1.공(空:○)'('1)圓'의 주에서.

4-3.

키 한(1) 자(尺) 아홉(9) 치(寸)
네(4) 쪽 세(3) 마디(節) 금척(金尺) 네(4) 배.   <

사람도 아홉 구멍
옥피리도 아홉 구멍.

획! 불면,
피리소리 사람소리
사람소리 피리소리.

얼마나 누지르면
저리 높은 음뽑을까.

얼마나 곰삭혀야
저 맑은 소리 우려낼까.

울어라, 맺힌 실타래
실실 솔솔 다 풀린다.

<참고 도표>
*玉笛 天符
저 : 洞簫. 1척 9촌. 3절 4등신. 9공. 금척의 4배.

◉ : 취구.

◎ : 청음공.

○ : 지공.

❼ : 7성공(후공:반음).

────── 艸牛의 시조 "7.玉笛 '天符經'(──'萬波息笛')" 全文 <

시조 "7.玉笛 '天符經'(一'萬波息笛')"을 읽으면 2수 모두 섬세하고, 시울물 흐르듯 그소리가 아름답게 잘 짜여져 흐른다. 玉笛의 생김새와 생김새의 뜻과 흘러나오는 구멍소리까지도 이치에 맞게 뜻풀이까지 해놓았다(첫수 3연.). 그다음 수에서는 피리의 맑은 소리 역할과 이에 대한 인간 정서의 반응을 읊어준다(둘째 수 3연.).

'萬波息笛'의 '玉笛'을 天符로 본 노래다. 그 통소:통소(洞簫)는 길이가 1척 9촌으로 金尺의 4배, 3절 4등신 9공이다. 인간의 신체 구조 3등신 네 팔다리 아홉 구멍과 같다. 이해부학 원리도 '天符經' 수리 원리와 같다. 피리 4등신 9공 중 맨아래엔 취구, 맨윗구멍은 청음공, 그다음은 지공으로 3·3空이 있고, 두번째 3空 바로밑엔 반음 후공인 7성공이 있다. 이런 구조의 玉笛에서 만상을 울려 감응시키는 신비한 힘을 가진 것이 '萬波息笛'이다.

피리 하나의 원리에도 인간 해부학 구조가 적용됐으며, 이는 곧 '天符經'의 수리 철학과 해부학 원리와도 직선으로 상통하고있다. 이러한 현학적인 원리를 쉽게쉽게 풀어서 시조로 쓴 아름다운 노래가락이 뿌牛의 시조 "7.玉笛 '天符經'"이다.

'萬波息笛'이 가지고있는 신비한 비밀과 그 숨은 정신을 신라의 정신 즉 우주 만상 원리의 '천부경' 정신으로 유도해 선보인다. 일찍이 이러한 시조가 이세상엔 없었다. 뿌牛 時調의 개성이 바로 이런 데 있다.

개성있는 소재와 주제를 택해 남들이 할 수 없는 일을 울산 변방의 한 원로 시조 시인이 해낸 것이다. 다시 한 번 봐도, 쉬우면서 뜻이 깊은 시조글(經)이다.

'사람도 아홉 구멍/옥피리도 아홉 구멍.//획! 불면/피리소리 사람소리/사람소리 피리소리.//얼마나 누지르면/저리 높은 음뽑을까'(첫수 중·종장과 들째수 초장에서.). '얼마나 곰삭혀야/저 맑은 소리 우려낼까.//울어라, 맺힌 실타래/실실 솔솔 다 풀린다'(둘째 수 중·종장에서.). 절로 학춤이 훨훨 날아오를 것같은 구절들이다.

4-4.

아득한 옛날(B.C. 8937.10.3.)에
한 神人이 계셨다.

천문과 자연 현상
꿰뚫어 보시고는,

천(○)·지(□) 간 원리 3·3궤짝에
9수리로 메웠다.

거기엔 윤·시·분
秒曆까지 들어있다.

피터고러스 돈뵌 음계
피보나치 수열 아름답다.

윷멍석(擲柶圖·柶杯圖) 한판 펼쳐놓으면
28수(宿) 별밭이다.

——艸牛의 시조 '9.天機(○△□)를 누설하다' 全文

기원 전 8937년 한인 白佛 제석 천제가 시월 상달 초사흗날에 神市 別邑을 열고 나라를 세웠다. 神人은 바로 한인(桓因:仁) 천제다(첫수 초장에서.). 이때부터 한기론 10951년을 쓴다. 白佛 한인씨(桓因氏)는 天文·地理·수리에 통달한 9통 미

30

룩불이었다. 6통밖에 못했다는 석가모니 불보다 더 위의 칭호를 받은 9통 帝釋(一然 '3국 유사') 白佛이다. 그때부터 우주 만상의 원리를 꿰뚫어본 聖帝다(첫수 중장에서.).

 1·2·3 천인지(○△□) 3재 원리를 터득한 후 이를 3×3=9×9=81 수리로 깨달은 수철학의 선지자다(첫수 종장에서.). 이 9수리에서 9×9=81의 '天符經' 수리가 나온 것이다. 天符數理 日曆에선 윤·시·분을 비롯 秒曆까지도 수리로 계산되어 나온다. 이수철학 원리는 나중에 피터고러스 정의로 알려졌고, '피보나치 수열'로 펼쳐지기도 했다.

 뿐만 아니라 이수리는 우리 한민족이 명절 때마다 즐겨 펼쳐노는 윷놀이·고누말밭·바둑두기(내기)놀이로 발전한 4차원 세계의 대중 유희가 됐다. '擲柶圖·柶杯圖' '윷방석놀이판'이 다 그러한 원리를 쉽게 후손들에게 전해주려는 선조들의 지혜놀음이다. 이 때문에 1년 3백 65일 4계절 12달 28수(宿) …월 4주에 1주 7일이 성립되는 것이다. 1일 24시, 밤낮 음양 각 12시, 1시 60분, 1분 60초가 포함된 이 수리학 원리가 시조 '9.天機(○△□)를 누설하다'에 명쾌히 정리돼 나왔다. '아득한 옛날'(첫수 첫구에서.) 한인 백불 제석 천제가 깨달은 그수리 日曆 '天符'다.

4-5.

'天符印' 원(○)·각(△)·방(□), 이셋(3)은 단짝이다.
우주간 삼라 만상 기하학적 구조물
그생성, 변화·질서 본 압축 기호 '천부인'.

그반대 만물상의 기하학적 구조를
그려내 문양낸 그것이 '天符籍'.
문자로 수식·수리로 나타낸 건 '天符經'.   <

'천부경'엔 '一積十鉅'로 그려져 나타난다.
'一'이란 '端倪'로 '처음이자 끝' 한마디
하나('一')가 열('十')까지 쌓여 무한대로 버니니…

무한대 이수리는 아무렇게 널려있는
난수표 아니라 일정 '수열' 짜여있어
'하늘의 이치에 드러맞는 도장'이란 뜻이다.

'천부경' 여든 한(81)자 이중의 '一積十鉅'는
1·2·3·4·5·6·7·8·9수를 뜻하고
발생된 이수식 태어나면 빼기 1 '엔' 제곱[$(-1)^n$]된다.
———艸牛의 시조 "11.'天符印' 원(○)·각(△)·방(□)은" 全文

원(○) 각(△) 방(□)은 하늘(天) 사람(△) 땅(□)으로, 1·2·3—3재 사상의 우주 만상 기하학 구조다. 天人地는 각각 하나(1)면서 둘(2)이요, 둘이면서 셋(3)이다. 1·2·3 셋이 합해서 큰하나(우주:○)가 된다. 하나(1)는 곧 셋(3)이요, 셋(3)은 하나(1)다.

원방각이 아니라 원각방이다. 원은 '天', 각은 '人', 방은 '地'다. 天人地가 맞다. 天地人이 아니다. 말할 때는 天地人이라 할 수 있으나, 1·2·3을 5행 수리로 따지며 원각방을 설정할 때는 꼭 사람(人)이 2수리인 각(△)에 놓여야 음양 5행에 어긋남이 없다.

보통 하기쉬운 말로 天地人이라고 하는데, 이건 수리적으로 1·3·2란 뜻이므로 틀린다. 반드시 사람(人)이 2에 해당하는 天(1) 다음자리에 와야 한다. 그다음 섭리수가 3인 地(土)이다. 하늘아래(1) 사람(2) 있고, 사람(2)밑에 땅(3)이 있고, 땅(3)위에 사람(2)이 있는 것이다. 이 셋의 삼라 만상 우주 간 기하학적 구조물이 원각방 3원

1체 사상인 것이다. 이 '생성·변화·질서 본 압축 기호'가 '天符印'이다(첫수.). '天符籍'은 '그반대 만물상의 기하학적 구조를' 말한다. 이를 "문자로 수식·수리로 나타낸 건 '天符經'"이다(둘째 수.). '천부경'은 '一積十鉅'로 '一'부터 "'열'('十')까지 쌓여 무한대로" 벋어나간다(셋째 수.).

무한대 수리는 일정 '수열'로 짜여져 '하늘의 이치에 드러맞는 도장'으로 지어졌다(넷째 수.). 81자 '天符經' 중 '一積十鉅'는 1~9수리를 말한다. 수리 기하학이 그려지면, 이수식엔 "빼기 1의 '엔' 제곱"$[(-1)^n]$이 되기 마련이다(5수 중 끝수.).

"11. '天符印' 원(○)·각(△)·방(□)은" 그래서 우주 3원(3재) 하나(1)가 된다. 이 셋(3) 단짝이 하나(1)가 된다는 원각방의 원리를 '天符印'으로 그려서 설명해 준 시조가 바로 㸺牛의 위에 예든 1편 5수의 작품이다.

4-6.

지구촌

한가운데

상고대 만집이다.

언어둥지

가지마다 걸어준

꼭지집이다.   <

꼭두에

황금관 쓴 하늘집

거미만은 알고있다.
　　　　　——艸牛의 시조 '16.훈국(桓國)은 로터리' 全文

'환국'(桓國)이 아니라 '훈국'(桓國:韓國)으로 읽어야 한다. 훈국은 한국(桓國:韓國:漢國)이다. 나라와 지명과 사람이름을 뜻할 때는 '桓'(환)을 훈:한(桓:韓)으로 발음한다. 즉 '桓'(환)이 고유 명사로 들어갈 때는 훈사상의 전통 실담어 산스크리트 어 이두 발음에 의해 '훈:한'으로 읽어야 한다. '한단 고기'(임승국 역주. 인물 연구소 편.)에도 엄연히 '桓'자가 '한'의 뜻으로 제목에까지 얹혀있다. 안호상도 '한'(桓)으로 썼다.

그뒤 文林에서는 '한단시'(桓檀:壇詩) 동인(1980. 후반.~1900. 중반.)까지 나와 활동한 바 있다. '훈'은 한·찬·칸·가한 또는 干·汗·韓·漢…과 같은 '훈'사상의 소리(발음)·뜻에 의해 '크다·많다·하나다·우리·엄지·임금·왕이다…'라는 대명사나 고유 명사에 쓰여온 '훈:한·韓·漢·칸·간·가한…'의 뜻을 그러안고있다.

시조 '16. 훈국(桓國)은 로터리'란 제목에서부터 '훈'(桓)이 나온다. '훈'나라는 '지구촌//한가운데//상고대 맏집이다.'(초장 3행.). 인류 언어의 상고대 '꼭지집'(실담어→산스크리트 어→가림토문→한글:언문/제1기 단군 천제 시절부터 내려온 漢文:韓字…들.)이란 것이다(중장.). 종장 3행 '꼭두에//황금관 쓴 하늘집//거미만은 알고있다.'는 뜻은 이 전원:이전국:에덴 동산 나라를 상징할 수 있는 心象(이미지)이다. '거미만은 알고있다.'란 말은 워낙 상상고 시대 얘기라 메타퍼로 '거미'를 소재로 등장시킨 것같다.

거미는 하늘(○)에 그물을 4방·8방 덩그렇게 치고는 시간과 공간 그리고 바람과

햇빛·달빛까지도 감지해가며 느낄 수 있기 때문이 아닐까. 그래야 날아다니는 곤충이나 새를 잡을 수 있으니까. 이 '거미'는 또한 고구려 고분 벽화에 나오는 '현무'('좌청룡 우백호 북주천 남주작')와도 '심상' 상징이 통한다.

4-7.
'三一神誥' 제1훈 : 虛 空

1)한웅님 말씀하시기를 '원보 팽우'
저푸른 하늘은 하늘이 아니니라.
까마득 저허공도 허공이 아니니라.
모양도 바탕도 없고, 시작끝도 없느니.

위아래 4방없어, 비어있을 뿐이나
어느 곳 있지않은 곳없이 두루두루
온갖 것, 그러안고있어 빠트림이 없느니.

<찬 왈>
이치란 그아무것 없는 데 일어나고
본체는 만물을 다 안고도 남는도다.
비어서 하넓고막막해 헤어볼 수 없도다.

늘 그리 봐온 대로 열어놓음 같도다.
그 비록 뭇기틀이 그렇고 그러해도

그 누가 가히 하늘 거슬러 경계 구별 하겠는가.

———艸牛의 시조 "'三一神誥' 가름(2.'3·1 신고' 제1훈:虛空) 全文

시조 "'三一神誥' 가름"에서 "2.'3·1 신고' 제1훈:虛空":(帝曰元輔虞彭:蒼蒼非天/玄玄非天/天無形質無端倪/無上下四方/虛虛空空/無不在 無不容)을 2수 한 편으로 쓰고, 그다음 이에 대한 발해 대조영(高王)이 후일 찬한 글(理起一無/體包萬有/冲虛曠漠擬議得否//正眼看來如啓窓牖/雖然群機/疇能作稱)을 가지고 또 2수 시조를 패러디해 읊었다.

앞에서 말한 '天符經' '空'(○:1:하늘) 사상을 "한웅님 말씀하시기를 원보 팽우"야로 읊었다. 'O'은 天人地의 전부요, 1·2·3의 우주 1원이요, 전부 하나다. '0'은 곧 '1'이다. '0'속에는 온우주 만상이 다 포함돼있다. 원(○)·각(△)·방(□)의 3원 1체다. '모양도 바탕도 없고, 시작끝도 없느니'.(첫수 종장.)이다. '위아래 4방없어, 비어있을 뿐이나/어느 곳 있지않은 곳없이…/온갖 것, 그러안고있어 빠트림이 없느니.'이다(2수.).

여기에 발해국 대조영(高王)의 '讚'까지 시조로 읊어보인다. '한웅'이 '원보 팽우'에게 하던 말 그대로 그느낌을 읊은 '찬'이라 둘 다 뜻은 '50보 백 보'라 할 수 있다.

4-8.

7.

律坤(1931.~2011.)의 '새가야사' 연구를 살펴보면
열여덟(18) 구산(龜山)땅 중 가야국 도읍지가
浙江省 땅에 있다 밝힌 점 퍽 다행한 일이다.

9.

金海府 땅이름을 잘 짚어 살펴보면

'臨海郡' '金海府'라 '3국 유사' 써놨다.
분명히 이나라 '김해'엔 없었던 땅 지명이다.

10.
臺灣을 마주하는 그땅은 福健省 땅
위쪽은 浙江省에 上海 아랜 '구산'땅
앞바다 東海 깊숙한 가야 서울 '김해'다.

12.
가야땅 '金海小京' 옛날엔 金冠國이다.
금관쓴 伽落國은 또 한편 '加耶 나라'
경덕왕 '김해 소경'을 '金海京'이라 불렀다.

13.
'金海京' 현재로는 金州라 적혀있다.
'중국 고금 지명 대사전' '금주'는 西魏 지명
隋나라 그때는 西城郡, 곧 '金州'라 고쳤다.

14.
宋 나라 지배때는 安康郡 됐다가
서쪽 城 역할하다 현 陝西 安康縣
元 때는 다시 '金州'로 고쳐 西城縣에 붙였다.

<

15.
明 나라 또 고쳐서 興安州 삼았도다.
淸 때는 興安府로, 唐 '金州衛' 현 '金縣'(奉天).
金 때는 甘肅省 楡中縣에 편입됐던 '김해'다.

17.
지금은 陝西城의 安康縣이 '금주'다.
金海府 '삼국 유사' 찾아서 뒤져보면
浙江省 臨海郡이라 기록된 거 알 수 있다.

18.
위에서 보는 대로 一然의 '삼국 유사'는
중원땅 고려사람 손수쓴 진짜 史書
지명에 대해서만은 의문 여지 전혀없다.

19.
중원땅 혼민족 중 맨먼저 망해버린
그나라 '가야' 나라, 그유민 흘러와서
또 세운 '망향 제단이 가야'라고 보면 옳다.

20.
가야는 물론이고, 신라·백제·고려까지
그상층 유민 부류 한반도 흘러와서

세워논 '망향 제단' 이제와선 알겠다.

23.
이대목 참 주목할 가치론 고려 기록
고려가 중원 西安(시안) 도읍해 있으면서
한반도 거제도까지 귀양보낸 일이다.

28.
'爾州인 御鄕으로 따라갈 순 없습니까?'
'이주'는 고려 상감 고향에 영감들 고향
노인들 원고향은 '사천성 무현'이기 때문이다.

31.
어향은 태조 왕건 고향을 두고 한 말
사천성 무현땅은 지금 전라 백성들의
선조들 고향이란 사실, 입증해서 뵌 거다.

────艸牛의 시조 '伽倻國 도읍지 龜山'(7·9·10·12·13·14·15·17·18·19·20·23·28·31) 중에서.

시조 '伽倻國 도읍지 龜山'을 살펴본다. 이때는 우리나라 김해 지역이나 함안 지역 등지가 아니다. '山海經' 권5 '中山十二經條'에 구산은 '又東南一百三十里 曰 龜山…'이라 기록돼있다. '중국 고금 지명 대사전'(1274쪽) 및 '중문 대사전'(1180쪽)에 의하면 중국땅 전체의 '龜山' 이름은 전부 18곳이다. 이중 ④절강성 순안현과 ⑦절강성 정해현 남쪽 지역의 '구산'이 가장 유력하다. 모든 정황을 살펴볼 때 이곳 둘 중에 가야국이 도읍을 정했으리라 생각된다.

중국 지도에 '龜山'이 이렇게 많이 나타나는 것은, 가야뿐 아니라 조선 동이 역사를 감추려는 중원의 의도가 다분히 깔려있다(3.에서.). 만약 '龜山'이 사실로 밝혀지면, 가야땅이 역사위에 밝혀지고, 가야가 밝혀지면 구려·백제·신라 땅의 영역도 자연 확실히 중원땅에 있었다는 사실이 밝혀지기 때문에 중국측은 이를 두려워하는 것이다. '東夷의 3흔과 고조선땅이 몽땅몽땅 밝혀진다.'(4.종장에서.)는 것을 알기 때문이다(4.에서.). 모든 역사적 유물을 없애거나 감추고있고, 심지어 모택동 시절에는 한자 正字도 어려우니 같은값이면 쉬운 간자로 쓰자며 몽땅 바꿔버렸다. 한문 정자를 모르면 東夷 조선 역사를 찾아보기 힘든다.

상고사에 나오는 '東海'는 지금 우리나라의 '황해'다. 중원땅 역사로는 '동해'인 것이다. 지금 우리나라의 '東海'가 '日本海'로 표기 되는 것과 같은 이치이다. '3국 사기' 제34권 지리지 1편에 나오는 文武王 시절(AD. 658.~677. · 제30대.) '良州'는 '梁州'로, 현재 우리나라 '梁山'이 아닌 중국땅이름이다. 금관국의 '金海小京'이나 '金海京'(경덕왕 때)도 '金州'(西魏 시절) '西城郡'(隨 나라)이라 불렀지만, 우리나라엔 없다(12·13.에서.).

宋 시절엔 '安康郡'(현재 安康縣), 元 시절 다시 '金州'(西城縣 소속)라 했다(14.에서.). 明 나라 때 또 고쳐서 '興安州', 淸 때는 '興安府', 唐은 '金州衛'(金縣:奉天), 金 때는 甘肅省 '楡中縣'에 넣은 '김해'가 가락국:가야:龜山 나라다(14·15에서.). 이는 '중국 고금 지명 대사전' 5백 41쪽에 다 나와있다.

고려 충렬왕 적 보각 국사 一然이 '3국 유사'에서 쓴 지명 모두 진짜 중원땅이름이다. 현재 경남땅 김해 지역 가야 유적은 가야 유민들의 '망향 제단이 가야(19.에서.)-'신라·백제·고려까지'(20.에서.) 유민들이 흘러들어 세운 '망향 제단'이다(19·20.에서.).

부여 公 燧도 우리나라 居濟縣으로 귀양오고, 공 수 아들도 진례현으로 쫓겨와 살았다. 고려가 중원 서안에 있으면서 거제도까지 귀양보냈다. 포은 정몽주도 언양으로 위배된 바 있다.

周 나라 때는 죄수 노예들을 日本 九州까지 귀양보내면서 이들을 '倭奴'라고 불렀다(이중재 저. '새고려사' 598쪽. 명문당. 1990.). 고려 고종 24년 봄엔 중원에서 현 전라도까지 金慶孫 장군(지휘사:행정·군사·정치 총감독.)을 보내 귀양간 백성들을 다스리게 했다(25.에서.). 서기 660년 백제 멸망 후 군신·왕족 들이 호남으로 대거 이동, 오늘의 전라도 땅을 이뤘다(32·33.에서.).

이러한 역사적 사실들과 전설들을 밝혀 時調로 옮긴 艸牛의 노력은 '가야국 도읍지 구산' 연작 33편에서 여실히 증명된다. 구체적으로 다 밝혀주고있다. 가야사뿐 아니라 신라·고구려·백제 3국과 고려사 일부의 진실 역사를 증거까지 대가며 시조로 쓰고있다.

과연 이나라 시조 시인과 독자들이 이사실을 그대로 믿어줄까 의문이다. 교과서에서는 이와 같은 역사를 가르치지않고있기 때문이다. 모든 언론도 이역사의 진실을 외면하고있고, 심지어 티뷔 드라머는 무조건 한반도안에서 고대 전쟁이 이루어지는 시공간 배경을 잡고있기 때문에 모든 시청자나 이시집 독자들은 황당한 얘기라 할 것이다.

더구나 지금의 교단 역사 학자들도 그렇게 생각할 것이다. 자기 스승과 자기의 석·박사 논문을 이제 와서 다시 뒤집어 거꾸로 써야하기 때문에 역사 사실을 알아도 그럴 용기가 없을 것이다. 사실 저위로 올라가 이병도 박사 식민 사관의 논문부터 모조리 뒤집어놓고 부정해야할 큰사건이기도 하다.

이제 이나라 정부에서도 정신이 드는지, 국어·역사를 중고교 선택 과목에서 필수 과목으로 돌려놓고, 공무원 시험에도 반영시킨다고 했으니 천만 다행이다.

세상에 세계 역사·문화적으로도 심히 부끄러운 일이 이땅에서 공공연히 벌어지고있어 시인의 가슴이 쓰릴 때가 많다. 자기나라 국어·역사를 뒷전으로 돌리다니….

4-9.

1.
3한은 馬韓·辰韓·弁韓을 말한다.
3한이 중원 처음 싹튼 건 '韓'나라다.
기원 전 2,224년 '夏'나라 때 '韓氏' 싹.

2.
이름은 韓嚆頭 씨, 河北 高安 동남쪽에
'韓'이란 나라 세워 제후국 출발했다.
夏禹인 大禹(B.C. 3,305.~2,198.)의 건국 열아홉 해 전이다.

6.
'韓'에서 3한으로 나타난 건 '漢'나라 때
첫번쩬 馬韓에다, 둘쩬 辰韓, 셋쩬 弁韓
이모두 일흔여덟(78) 나라 한반도엔 없었다.

7.
馬韓은 중원 서쪽에 있었던 쉰네(54) 나라
그북은 樂浪 땅이, 남으론 倭 나라땅
辰韓은 동녘을 차지한 열두 부족(12개) 나라다.

10.
옛날엔 3한 모두 辰 나라 중심이다.
馬韓이 가장 크고 넓었지만 아니다.

辰 나란 중심의 나라, 진왕을 섬겼다.

13.

3천 리 한반도땅 이 좁은 곳 어디메에
그많은 일흔여덟(78) 나라 흔적 숨었을까.
대륙은 조선 역사 중심, 3韓 땅이 宗主國.
──艸牛의 시조 '三韓 이야기·1'('──3한의 뿌리') 1·2·6·7·10·13.에서.

三韓이 중원땅에 있었다. 한반도 지역 사관에서 보면 큰일난다. 이는 식민 사관으로, 중국이나 일본에서도 바라는 바다. 우리 스스로가 마한·진한·변한을 한반도안에 있는 것으로 알고있으니, 中·日國은 우리 역사를 뻔히 알면서도 공공연히 역사 사실까지도 훔쳐쓰고있다.

3한의 싹은 '韓'─기원 전 2224년 夏 시절 '韓氏'가 싹을 틔웠다.('三韓 이야기·1' 의 '1.'에서.). 韓嗤頭 씨가 '河北省 高安 동남쪽에' '韓國'(B.C. 2224.)을 세웠다. 기원 전 3,305.~2,198년 시절 大禹(夏禹) 건국 19년 전이다(상동 '2'에서.).

그남쪽엔 2천 년쯤 뒤에 藁離國(B.C. 260. 고구려 뿌리나라.)이 있었는데, 두 나라 사이는 '수 킬로 안퐈이다.'(상동 '3'에서.). 韓國의 서울 평양은 지금의 西安이다(상동 '5'에서.). 漢 나라때 와서야 韓에서 3한으로 발전한다. 馬·辰·弁韓이다.

모두 78개국으로 한반도가 아닌 중원에 있었다(상동 '6'에서.). 馬韓은 54개국으로 중원땅 서쪽에 있었고, 그북쪽은 樂浪이요, 남쪽은 倭奴가 살다가 후에 대만(夷州)으로 밀려났다. 辰韓은 동녘땅 12개 나라, 그북쪽은 예맥, 弁韓도 12개 나라였으나 辰의 남녘에 있었다. 이때 伯濟(百濟)는 아주 작은 부족나라로 출발했다(상동 '6' '7' '8'에서.).

3한 중에도 辰 12국이 중심나라였다. 弁 12국이나 馬 54국이나 辰의 통섭아래 움직였다. 즉 弁·馬韓엔 副王을 두고 실제는 辰이 다스린 셈이다(상동 '10'에서.). 이모든 사실이 '後漢書'에도 나타나고, '梁書'나 '3국 유사' 다 같은 내용이다. 3한의 강역은 4방 4천리, 이때는 만주만 빼고 중원땅은 모두 3한이다(상동 '12'에서.).

 3천리 한반도엔 이많은 78개 3한땅이 들어설 곳조차없다. 그러니까 대륙(중국땅: 중원)은 조선 역사 중심땅이다. 3한의 뿌리부터 중국의 宗主國이었음이 분명하다(상동 '13'에서.).

 한국의 고대 사학자들이나 위정자들 뿐아니라 文林社會 지성들도 깨우쳐 글을 쓰고 나라를 일깨우며 다스려야 할 때가 왔다. 거듭 식민 사관에 무의식적으로 얽매여 민족 대륙 사관 의식을 쇠국 주의자:국수 주의자라고 폄하하는 일은 이제 부끄럽게 생각할 때에 이르렀다. 이러한 역사적 진실도 艸牛의 '三韓 이야기·1'(─'3한의 뿌리')의 연시조(1~13)에서 읽어낼 수가 있어 그나마 다행이다.

4 - 10.
…(전 3수 생략)…

仁川市 강화도는 '江華島'지 '江華' 아냐.
'江華'가 아니라는 이점이 분명해야
'江華'가 '江華島'와 다르단 걸 알 수 있다.

오늘날 한국땅의 인천 광역 강화도엔
熙宗의 '碩陵'이란 왕릉은 아예없다.
碩陵이 있다면 그건 '짜가', 爲先事에 불과하다.

江華는 현 중국땅 대륙에 있는 江華

강화는 湖南城의 江華縣 동남이다.
이곳은 永州府면서 '마카오' 위 내륙이다.

…(전 2수 중략)…

그예로 彦陽金氏 시조인 威烈公이
金就礪, 그묘소가 언양읍(송대리 '능골')에 있지만
또 한 곳 강화도에도 있다, 爲先事의 한 예다.

…(전 1수 중략)…

한국의 인천 직할 강화도 고려땅엔
임시로 지은 궁전 진짜릉 없는 거다.
있다면 누군가가 거기 가짜릉을 만든 거다.
──艸牛의 시조 '고려의 강역 江華'(4수·5수·6수·9수·11수)에서.

'江華'란 지명에도 우리는 속고있다. '江華'엔 고려 21대 熙宗(貞宗)의 碩陵이 있는 것으로 역사에 새겨져있으나 실제 '江華島'엔 '碩陵'이 없다. 있다면 '가짜'다. '江華'는 현 인천 광역시의 '江華島'가 아니라 중국 호남성 江華縣의 동남땅이다. 이곳은 永州府─'마카오' 위 내륙이다.'(6수). '중국 고금 지명 대사전' 3백 28쪽에 나와있다. 이사실을 시조 '고려의 강역 江華'가 중국땅 지명임을 알려준다.
'江華'(중국)와 '江華島'(한국)가 다른 지역임을 시조 시인이 文學으로 밝혀 빛내준다.

4 - 11.

2.중국인의 디엔에이(*D.N.A.*)

2 - 11.
'연구한 결과로는 客家族 소수 민족
오히려 고대나라 전통인 중원 문화
똑바로 계승한 것이 드러났다', 진면목.

2-12.
'순수한 중국 漢族 존재치 않는 것은
오랜날 주변 소수 민족이 내려오며
나라가 漢族과 어울린 결과'라고 논했다.

2-13.
漢族들 비교 비율 중원땅 92할
대만땅 98할, 홍콩땅 95할
마카오 97할로 제각각씩 나타났다.

3.積石山은 天山

3-1.
積石山 석문있고, 만물없는 게 다 있다.
河水는 기를 쓰며 서으로만 흐른다.
고대엔 積石山 위도를 85도(85°)로 삼았다.   <

3-2.

積石山 기준해서 遼西·遼東 나눴다.

遼東에 살아왔던 민족을 東夷라 했다.

지금의 西安은 그당시 서울이던 東京이다.

———艸牛의 시조 "中國은 '四夷枝葉也' 순수한 漢族은 없다 · 1·2·3" 부문

이제 마지막 바른말을 할 때가 왔다. '中國'은 일찍이 상고 시대엔 없었다. 나라이름이 없었다. '中原'으로 불렸다. 행여 1911년 신해 혁명 이후 20세기 이전엔 '中國'(1949)이란 역사 기록이 나타나면 이는 오늘날의 중국이 아니라 지나 中原 대륙을 그저 고유 명사 아닌 보통 대명사로 부른 것이라 생각하면 된다.

엄밀히 말해 中原 땅엔 中國의 진정한 역사가 없었다. 있다면 20세기 초중반에 와서야 '中華人民共和國'(中國)이란 국가가 이지구상에 정식 나라로 세워졌을 뿐이다.

원래 中國(中原)이란 나라는 동이 조선의 나라다. 중국의 역사는 동이 조선의 역사다. 이를 증명해서 시조로 엮은이가 바로 艸牛 辛東益 옹이다. 이분은 시조 "中國은 '四夷枝葉也' 순수한 漢族은 없다."고 썼다. 漢 나라를 세운 王莽조차 알고보니, 고구려 제8대 신대왕이었다. 艸牛는 이 연작 시조[(1.(1-1.~4.). 2.(2-1.~17.). 3.(3-1.~4.):총 3편 25수.]에서 '1.중국은 4夷의 가지이거나 잎'(제1편)이라고 했으며, '2.중국인의 디엔에이(D.N.A)'(제2편)까지 조사한 자료를 통해 한족의 정통성이 핏줄속에 섞여있지않음을 밝혔다. 그리고 '3.積石山은 天山'임을 알아내 우리 동이 조선의 뿌리 출발지가 천산(에덴)임을 읊어냈다.

역사책 '通志' '通典'엔 중국 한족 역사가 모두 東夷 9族 4夷에 해당하고, 오늘까지 '중국 根幹은 4夷 지엽 그거다.'[1.(1-1.)에서.]라고 했다. 중국인은 모두 '구려·신라·백제·倭의 후손들.'[1.(1-3.)에서.]이란 것이다. 조상은 혼인(桓因:仁) 제석 백불 천제다. 그후손이 혼웅(桓雄氏)·염제·신농씨. 黃帝(蚩尤:자오지의 친4촌.)로

47

이어진다는 것이다[1.(1-3.)에서.].

이러한 사실들은 '四夷中國根乾也' '四夷枝葉也'('資治通鑑'. '唐書篇' 195권. '唐紀' 11권.) '中國如根本四夷'('資治通鑑' 193권. '唐紀' 9권.)라고 중국 역사책에서까지 기록돼 있다. 四夷란 東夷·朝鮮·濊·馬韓·辰韓·弁韓·百濟·新羅·高句麗·倭·扶餘·東沃沮(북부여)·邑婁·勿吉(靺鞨)·扶桑(女國)·文身(大漢)·流求·閩奧…들을 말한다. 중국은 곧 이들의 후예란 뜻이다. 4夷의 줄기이거나 옆가지거나 잎들이란 것이다. 그렇다면 중국은 없다. 중국 역사는 모두 조선 역사인 것이다. 앗긴 3황 5제의 역사를 다시 찾아와야 옳다.

'4서 3경'이나 '25사'를 봐도 3황 5제나 禹·湯·文·武·周公… 들과 임금·공자·진시황…이들이 桓·韓·黎의 동이겨레 후손들이지 절대 漢族이 아니라는 것[1.(1-4.)에서.]이다. '예기'에도 夷族을 畎夷·于夷·方夷·黃夷·白夷·赤夷·玄夷·風夷·陽夷로 분명 기록해놓고있다.

蘭州는 "감숙성 난주시로 신라 6촌의 하나인 '금산가리촌'이다."란 주를 艸牛 시인은 중요시하고있다.

'蘭州大 생명 과학 학원의 謝小東 씨'(回族임)가 '漢族과 서북 민족/유전자'(DNA) 조사 결과 발표를 보고[2.(2-2.)에서.] 艸牛가 자신있게 '실제 漢族은 동일 민족 아녔다.'[2.(2-3.)에서.]고 쓴다.

'漢族은 순수 혈통 존재치도 않았다.'고 쓴다.[2.(2-4.)에서.]. 艸牛는 신라 6촌 위치도까지 펼쳐보여주며 6촌은 四川省 通江縣(알천 양산촌)·高縣(돌산 고허촌)·涪陵縣(觜山 진지촌)·茂懸(무산 대수촌)·蓬溪縣(명활산 고야촌) 감숙성의 蘭州市(금산가리촌)라고 밝혀준다. 이근거는 '신라뿌리 역사'('신라는 한반도에 없었다' 26쪽. 사·상고사 학회 제11차 학술 회의. 2007. 4.17.)에 있다.

謝小東 교수 연구끝에 한족 모두 '炎黃子孫'(염황:炎帝와 黃帝.)으로 알고있었으나 아님이 밝혀졌다. 알고보니, 염제와 황제의 핏줄 발원지는 중원땅이라기보다 북쪽 오랑캐땅인 '北狄'(바이츄)였다[2.(2-7.)에서.]. '黃帝 발원지는 오늘날 감숙성이다.'[2.(2-8.)에서.]. 沁陽 天水 지역이다. 炎帝의 고향은 감숙성 동악에서 陝西省 서부지역까지 걸쳐진 황토언덕(黃土高原) 北狄(바이츄) 땅이다.

'山海經' 권2 '西山經' '積石山條'엔 '이산엔 만물없는 것 없다.'고 했다. 天山인 積石山은 지금의 甘肅省 臨夏縣에 자리하고있다. 원래의 大積石山은 新疆省 吐谷渾 경계 지역에 있었다('중국 고금 지명 대사전'. 1232쪽. '적석산 조'.). 당시 적석산을 기준으로 遼西·遼東으로 나눌 때는 요동 민족을 東夷라 했고, 이무렵 西安은 서울 東京이었다[3.(3-2.)에서.]. 지금의 新疆省·甘肅省·西藏省 사람까지 東夷로 치부했다. 비단길(실크로드)도 고향길이었다[3.(3-3.)에서.].

이처럼 四夷는 東夷에다 조선의 핏줄이다. 그리하여 중국 사가들도 "中國은 '四夷 枝葉也'"라고 했으니, '순수한 한족은 없다'(艸牛 시조 제목에서.)는 시가 쓰여질 수밖에 없다고본다. 艸牛가 이작업을 해냈다. 역사 의식 미학으로 시조를 쓴 것이다.

5.
艸牛 辛東益 제5시조 시집은 '天符經' '三一神誥'… 같은 인류 최초 역사 경전 해설을 時調로 읊은 특별하고도 귀한 역사 미학 패러디 시집이다. 상상고사 및 상고대의 경전 내용을 소재로 조선 역사를 쉽게 풀어낸 시조가 본격적으로 이땅에 없던 차에 艸牛가 그 5색끈을 첨 푼 것이 文林史에서는 귀하고도 귀한 일이다.

지금까지 時調詩人 그 아무도 이렇듯 시원하게 조선 역사를 바로잡아 민족 사관

입장에서, 어용 식민 사관으로 글을 쓰던 文林의 눈먼 어용 지식인(지성인이 아닌)들 文學觀 인식을 직접 작품으로 확 뒤집어놓은 예는 없다. 文林뿐만 아니라 우리나라 지성이 아닌 모든 지식인들의 잘못된 역사관을 바로잡아 時調로 부드럽게 장단맞춰가며 질책해준 牨牛의 공이 크다.

이시집의 결론 부문인 시인의 '후기'('하늘문' 연 조상의 '인류 개천 선언문')는 곧 필자 평설의 이시집 결론과 일맥 상통한다. "'天符經'과 '三一神誥'는 흔민족 경전이자 인류 사상의 元祖'란 부제가 다 말해준다. 이를 줄여서 본다.

'天符經'은 上元甲子(B.C. 8973.) 10월 상달 3일 하늘문 열고 神市 나라를 세운 盤古桓因氏:桓仁:安巴堅 白佛天帝가 설법한 '인류 개천 선언문'이다. '在世' '理化' '弘益人間' 인문 주의 선언문이다. 이땅에서 2만여 리 서역 곤륜산(天山)자락에 蘇塗(수두) 別邑 神市를 세운 선천 시절이다.

중원땅이 곧 이나라 고려까지 세운 조선 천지다. '3국 사기' '3국 유사'에 나오는 전쟁터는 모두 중원땅 그전장이다. 이 두 역사책은 고려가 시안(西安)에 도읍하고 있을 때 쓰여진 기록이다.

망한 가야·백제·신라… 들의 왕족·귀족·유민이 한반도로 내려와 살았다. 金慶孫이 고려 23대 고종 24년 봄 전라도 指揮使(정치·군사·행정 총감독관)로 파견됐을 때 중원에서 그곳 귀양간 죄수·노예들이 임금(왕건) 고향 사천성 茂縣(爾州御鄉:'중국 고금 지명 대사전' 1109쪽.)으로 가면 안되느냐고까지 졸랐다. 사천성은 신라가 태어난 곳(사로국)에, 한때는 백제의 평양(서울:성도)이 있던 곳이다.

이 제5시조 시집은 인류 최초 경전을 풀어내고, 고대 曆制 10여종 중 세가지 수열로 된 흔역(桓國曆)이 효시임도 밝힌다. 선천수·후천수 2원 구조에 율려로

된 '天符經'은 현대 수학 용어로 사인엑스(Sinx)·코사인엑스(Coex)다.

혼웅 단군 천제가 태백산 아사달에 도읍할 때도 상천제로부터 '天符印' 세 개를 받았으나 이 '符' 역시 수열의 칩(chip)이다. 수열은 만물의 대명사다. 만물이 생성되는 이치 철학의 원수리이다. 사인엑스(Sinx:선천수)·코사인엑스(Coex:후천수)가 율려의 음향으로 움직이며 운동한다. 상하 서서히 움직일 때 일정한 괘도를 유지하며 묘하게도 운동한다. 이원리로 쓰여진 81자 '天符經'은 혼민족 상고사가 신화 아닌 實史임을 말해준다. '3·1 신고'는 종교 이전의 종교 경전이다. 참사람들 종교다.

역사를 모르면 '나'를 모르고, '나'를 모르면 '노예'다. 민족 역사 뿌리가 없는 문학은 사대 문학이다. 민족 정체성을 밝히지 못하면 노래·춤·문학(시조)도 허울뿐인 예술이다. 우리 역사에 사대를 노래하지않은 지식인이나 항일기(대일 저항기:대일 항쟁기)에 친일하지않은 문인이 몇이나 되는가. '溫故而知新'－文人들도 옛 것을 익힌 다음 이를 발판삼아 새것을 걸러내야 한다.

'天符印'(○△□)을 글로 푼 것이 '天符經'이다. 開天을 선언한 대선언문이다(감숙성 天山:3위산아래 燉煌 神市別邑에서.). '하늘이치에 부합하는 蘇塗' '天符의 蘇塗' '神人別邑' 소도(수두)가 성스런 神市다. 즉 한민족 원고향이다. 伊甸園(에덴 동산:신강성) 塔理木盆地다('史前史' 37쪽 9열 참조.).

'천부경'은 혼인 천황이 新誌 赫德에게 鹿圖文(녹두문)으로 쓰게 해서 篆書로 태백산 돌바위에다 새겼다('篆古碑'). '太白逸史'(李 陌:조선 중종.)의 '蘇塗經'(전본훈)에 전해지고, '한단 고기'(①'태백 일사' '단군 세기' 합친 桂延壽 편. 1911. ②李裕岦本 '桓壇古記'. 1979.) '묘향산 석벽'(李 陌 탁본→1916년 李裕岦에게 전함.) '최치원 한문 번역 本'('징심록':'부도지')… 들에 전해내려온다. 그러다 유교 숭상의 사대 조선 왕조 때부터 우리 역사에서 서서히 묻혔다.

고려말 충신 農隱 閔安富의 유품에서 발견된 '天符經'은 殷墟 갑골문이 섞여있고,

이중 몇 자[‘新'(析)三極·大'氣'(三)合·無匱從(化) 三·7·8·9 '衷'(運)]가 달랐다. 그러나 갑골문이 은나라땅이 아니라도 발견됐으니, 이전에도 文字가 분명 있었음이 증명된다.

'天符經'이 들어있는 박제상의 '澄心錄'('符都誌')은 15권이나 박제상 아들 百結의 '金尺誌' 1권, 매월당 金時習의 '燈心錄進記' 1권을 합치면 모두 17권(편·誌)이다. 지금의 '부도지'('징심록')는 영해 박제상 후예 박 금 씨가 북(원산)에 두고온 '징심록'을 15지 중 제1誌만 외우고있던 차에 재생한 金殷洙 해제본이다.

이속에 든 '天符經'을 이땅에서 맨 첨 해석한 이는 眞城 李原善(4291.음. 5.29.)이다. '天符經'은 '實事求是'의 수리적 우주 만상 철학 원리 경전이다. 이경전이 바로 9통자 한인 천제 백불 제석이 구전으로 전해주었으나 고조선 시대(한웅→신지 혁덕에게.) 가로세로 9×9=81자로 쓰여진 인류 최초의 자랑스런 동이 조선의 경전이다. 艸牛는 이를 쉬운 말로 풀어내 아리따운 정형 시조 형식위에 얹어두고 이 땅 詩林에선 맨처음으로 '經'(글)을 쓴 것이다.

———艸牛의 '후기' 중에서 요약.

이처럼 艸牛 제5시조 시집 " '天符經'(○△□)은 (-1)^{n}이다"는 한마디로 "인류의 시원 사상 '天符經' 미학 시조"라 할 수 있다. 이땅뿐만 아니라 이지구위에서는 최초로 볼 수 있는 東方歷史美學의 첫시조 시집이라 참으로 귀하고도 귀한 정형 시집이다. 주로 東方朝鮮 뿌리찾기 정신을 앞세운 歷史意識의 미학 시조로 태어났다. 時調文學界뿐만 아니라 허약한 大韓文林의 本心이 될 만하다.

*200자 원고지×189매=37,800자임.

〈제22·23대 한국 문인 협회 이사장〉

제1장 ──────── 인류 시원 사상 '天符經'과 '天符印'

0. '天符經' 내력
1. '葡萄歌'
2. 盤古 한인씨(桓因氏. B.C.8937.)・서시・1.~33.
3. 金尺 '天符經'
4. '뿌리깊은 나무'
5. 사상 맨처음 휴머니즘(humanism) 가족
6. 神 理
7. 玉笛 '天符經'(──萬波息笛)
8. 짚신 75켤레
9. 天機(○△□)를 누설하다
10. '天符經'(○△□)은 빼기 1의 '엔' 제곱[$(-1)^n$]이다。・1・2
11. '天符印' 원(○) 각(△) 방(□)은
12. '天符印' 노래 그 하나 원(○:天)・1공(空:○)[1)圓・2)기하학적 의의]・2球
13. '天符印' 노래 그 둘 각(△:人)
14. '天符印' 노래 그 셋 방(□:地)・1・2
15. 天山・겨울 神佛山[─2013(계사년) 원단 신불산아래 艸牛野墅에서.]・1・2
16. 환국(桓國)은 로터리

0. '天符經' 내력

은장도를

한국아낙

가슴속

품고 살 듯

만천 년 '타임캡슐'

열고보니, 놀라워라!

중원땅

<

내주었을지언정

안바뀌었다,

'天符經'!

1. '葡 萄 歌'

마고성*¹⁾지유 모자라
변란이 일어났다.

'넓고도 큰 천지여!
내 기운 능가하도다.

이어찌
道 아니라 하랴!
포도가 힘이로다.'*²⁾

  *1)마고성:麻姑城엔 지유가 솟아나는 샘이 있고, 흔인 천제 탄신지이기도 하다. 지상에서 가장 높은 성이다.
  *2)'浩蕩兮天地/我氣兮凌駕//是何/道兮/葡實之力'

2.盤古 환인씨(桓因氏. B.C.8937.)

서   시

여기 태초의 하늘이 열려
만 생명의 근본을 세우나니,
하늘과 땅이 和諧로와
높은 뜻이 땅에 번성하도다.
이한밝 넓은 세상 비추나니,
만물이 비롯됨이로다.

1.

환인 천제(桓因天帝) 도읍지 찾기 위해 서역에서
무리 3천 명 거느리고 天山에 이르렀다.
三危山 정상까지 다 올라가서 보고 난 뒤.

2.

지금 중국 和田인 옛날의 伊甸園에서

인류 사상 처음으로 나라를 세웠다.
당시는 부족 국가 형태에 지나지 않았지만.

3.

上元甲子(B.C.8937) 10월 3일, 곤륜산 자락이야.
감숙성 燉煌에다 도읍을 정해놓고
正統國 '배달나라'를 세운 후 神市 열었다.

4.

돈황으로 이전한 이후엔 정식으로
국가 형태 갖춰놓고 유럽과 아프리카,
그리고 소비엣 연방, 아시어를 아울렀다.

5.

이강역 '산해경'[*1)]에 고스란히 나타나 있다.
'해외 서남 끝에서 서북끝 자락까지'[*2)]
東方을 합친 이 모두를 12호국(桓國:汗國:韓國)이라 했다.

*1)'산해경':해외 서경(海外西經).
*2)해외 자서 남추지(海外自西南陬至) 서북 추자(西北陬者).

<

6.

이건 고대 단군 조선 입증하는 자료다.
그외도 盤古 제석 훈인 천제(帝釋桓因天帝)[*1)] 이후의
正史나 野史 모두는 '漢文'으로 적혀있다.

7.

正統國 천세 만세 東夷의 기록물이다.
조선 한국 宗孫인 줄 모르고 사는 사이
고목인 神壇樹(박달나무) 神木을 中 도끼질, 日 톱질한다.

8.

독자 일반 민중은 5천 년 전 壇君도
신화라고 하는데, 1만 년 전 역사를
믿을 수 있겠는가 어디, 못 믿는다 할 거다.

9.

漢文은 훈인 천제(桓因天帝) 그때에 창제됐다.
그증거 지은이없는 玉篇과 '山海經'이다.
옥편은 자연 사상인 3재(三才)[*1)] · 5행(五行)[*2)]의 순리다.

*1) 천·인·지.
*2) 수·목·화·토·금, 7요일은 지금도 만국이 사용하고있다. 혼인(桓因) 시대는 우주 구성 요소, 수·화·토·기 4원소의 虛實로 보았다.

10.

특히 반고 혼인씨(盤古桓因氏)는 인류 사상 최고 도인
9통(通)*2)의 得度者인 白佛이라 전해오고
그이름 帝釋이라고 부르게 된 것이다.

11.

'후-하고 불고나면 바람과 비가 되고
더 세게 불어버리면 번개 뇌성 일어난다.'*1)
이말은 천문 도를 연 대도인을 뜻한다.

*1) 3국시 오서정의 저서에서 '廣博物志' 9권 5운 역년기(五運歷年記).
* '산해경' 8권 '해외 북경' 吹爲冬, 呼爲夏.

12.

'白佛'은 만유 만물 본체론 흰 것이다(白).
'희다'란 뜻이라서 지어진 이름이다.
그러니 전무 후무한 저호칭인 것이다.

<

13.

'帝釋'은 인류 최초 대도를 통하고도
아홉 번 도통했기 도인 중 왕이로다.
임금에 해당한다는 뜻으로 부르게 된 호칭이다.

14.

반고를 '신이면서 용머리'라 한 것은
제왕을 뜻하는 것이라서 그랬도다.
길다란 '뱀몸같다'함은 더욱 길단 그림자….

15.

군중을 거느리는 귀한 신분 뜻한다.
'발없다' 이말씀의 뜻에도 大得道한
후계자 없다는 것을 말해주는 것이다.

16.

인류가 지구상에 수10만 년 전부터
살았단 증거는 보나마나 믿지만
역사적 맥락이을 만한 확실 문화 흔적없다. <

17.

그러나 '제석 혼인' 인류 역사 최초로

우주의 본체인 '흰'(白) 사상 3재(三才) 사상

天·人·地 이사상을 주장, 문자까지 만들었다.

18.

수리 즉 '수열'로 펼쳐진 曆制 깨달아

문자를 가지고 敬天愛人地 사상으로

전세계 인류를 다스렸단 그사실은 참말이다.

19.

'유구한 정통 역사 한민족 사관나무'[*1)]를

중국인 일본사람 철저히 찍고자르고

형체를 분간 못하도록 망가뜨려 놓았다.

*1) 혼인천제(B.C.8937.)→유소훈웅→복희씨(B.C.3512.)→신농씨(B.C.3071.)→황제(B.C.2679.)→소호씨(B.C.2578.)→고양씨(B.C.2491.)→고신씨(B.C.2482.)→도당씨:요임금(B.C.2357.)→유우:순임금(B.C.2284.)→하우씨(B.C.2224.)→은탕씨(B.C.1766.)→주무왕(B.C.1122.)→진(B.C.255.)→한(韓:B.C.255.)→조(B.C.255.)→위(B.C.255.)→초(B.C.255.)→연(B.C.255.)→제(B.C.255.)→고구려(B.C.231.)→백제(B.C.213.)→신라(B.C.57.)→한(漢:B.C.206.)→남북조(AD.420.~589.)→당(AD.618.~907.)→5대[양·당·진·한(漢)·주](AD.907.~960.)→고려(AD.910.~1395.) 등은 동이들이며, 후손이다.

20.

이러한 와중에도 흔민족 다행한 일

사학자 律坤 李重宰[*1)] 이땅에 태어난 일.

한학(漢學)과 역사 섭렵한 한(韓)학자로, 필연이다.

> *1) 율곤 이중재(AD.1931.~2011.). 율곤은 경남 욕지도(면)에서 태어나 한학자이신 조부에게 한학의 기초를 이수하고, 28세 때까지 도학 참구에 몰두, 얻은 바 있어 '흔민족사의 정립'을 비롯 '4주학' '5성공론' '기(氣)란? 물과 빛과 소리' 등 많은 저서를 남겼으며, 특히 '노자 도덕경' '노자 서승경' '산해경' 완역에는 세계 어느 학자도 추종을 불허하는 명해설서다. 우리나라의 세칭 '일제 식민 사학파'(교단 사학파)에 대응하는 '사단 법인 상고사 학회'를 정식 학술 단체로 설립해 정부 승인(사단 법인체)을 받은 것은 그의 연구 결과 공적이다.

21.

이제는 우리 것을 찾으려는 자각에

天機의 기운까지 일기 시작 했도다.

이때엔 민족 사상 발굴 정립 앞장서야 바로선다.

22.

'언제나 언제까지나 민족 철학 찾지 못해

풍랑속 서구 문명 헤어나지 못하니,

망나니, 망나니짓은 이제 그만 버려야 한다.' <

23.

동 고조 8촌 간에 유복지 간 고조를
못봐서 없다고 말할 수 있겠는가.
상조선 제석 흔인 천제 있었다는 말이다.

24.

그분에 관한 기록 많이도 남아있어
그 역사 인정하지 않을 수 없는 거다.
아직도 中은 우리 역사 지우고, 日本은 조작한다.

25.[*]

'흔인 천제 사람사는 실생활 필요법
3백에 60여 가지 조항을 정해놓고
일일이 백성다스린 청치가, 대학자 · 도인이다.'

_{*1)1~25항 내용 기록은 '한단 고기' '유학수지' '역대 신선 통감' '중국 사전 사화' '중국 민족사' '상고사' '조선 도교사' '해동 석사' 등에 기록되어있다.}

26.

천산(白山)을 처음나라 근거지 삼은 것도

우주의 본체란 건 원래부터 흰색이라
따라서 4시 4철 눈덮여 환히 뵌 게 연유였다.

27.

물체는 본질에서 생성된 흰근원탓에
희다는 '白衣民族' 이름이 생겼다.
고대라 물감이 없어서 '흰옷'*입은 건 아니다.
   *케이비에스(KBS) 퀴즈 문제.

28.

흰것을 과학적으로 규명해 보자면
흰 거란 우주 본체 원바탕 그렇단 사실
만물의 근원 또한 흰다는 걸 알 수 있을 것이다.

29.

우리의 조상들도 우주와 인간 관계
그본질 근원부터 '흰색' 바탕 근거두고
한민족 혼사상 철학 '백의 민족' 정했다.

       〈

30.

유구한 역사속에 사라지지 않았다.

대대로 이어이어 살아숨쉬며 자라왔다.

'사람이 사람답게 사는 세상' 만들어서 살았다.

*'한민족 우주 철학 사상'(이중재 저. 2009. 2. 22. 도서 출판 상고사. 13쪽 '1.백의 민족의 정의'를 대본삼다.)

31.

인류의 대학자인 조선 文考 있었다.

이분은 지금부터 만천(11000) 년 전에 살았다.

文考는 우리 훈인씨(桓因氏)의 장인되는 사람이다.

32.

훈인씨(桓因氏) 부인 莫知[1] 역시 도튼 아지매[2]다.

莫知의 큰사상을 연구하러 서역떠난

老子의 기록이 말해주듯 의미 심장 돋보인다.

*1)'고려사 절요'(528쪽 하3행~531쪽 20행. 이중재 저. '새로 밝혀진 새고려사'. 명문당.).
*2)아지매:고대의 말로 여신이란 뜻.

33.

'역시나 아는 자는 훈인(桓因)과 그의 부인(莫知)

그밖에 莫知 아비 文考뿐'이라 일러준

益齊의 유언^{*1)} '고려사 절요'에 새겨져 전한다.

*1) 李齊賢의 호. '고려사 절요'(고려 15대 숙종 조).

*혼인 천제 때의 '천부경' '3일 신고'가 전해지고있으나 아직 '천부경'만은 아무도 올바른 해석을 내리지 못한 채 전해오는 경전이다. 이경전 81자는 박제상의 '부도지', 계연수 '환단고기', '농암 유고' 등에서 전해오고있다.

3. 金尺 '天符經'

앉은 키 다섯 치,
네쪽 세 마디 별 셋.

1에서 9까지 수
새겨 '수열 구성'이다.

단박에 알아볼 수 있어
神奇한 보물로 여겼다.

<참고 도면>

<표면>
3성환 5·7
선천수

<이면>
4성환 6·8
후천수

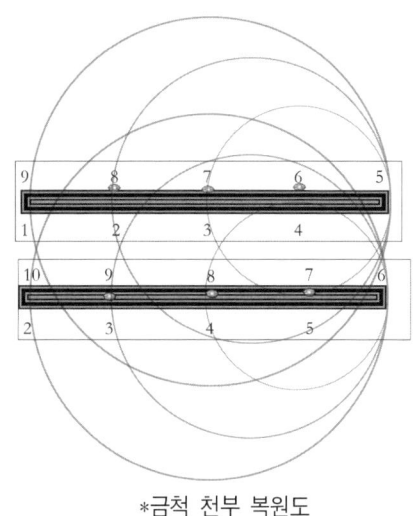

*금척 천부 복원도

4.'뿌리깊은 나무'

오뉴월 서리에다
바깥바람에 꺾여도

굴러온돌 박힌돌 밀어내는 세월에

뿌리가 깊은 나무잎
다시 나고 꽃핀다.

5.사상 맨처음 휴머니즘(*humanism*) 가족

대통령될 양이면 흔인씨(桓因氏) 그릇만하고

여자될 양이라면 그의 아내 莫知만하고

조선의 어른될 양이면 그애비인 文考만은 해야.

6. 神 理

하늘엔 흔인보다 위에 계신 이 없다.
만물은 그 먼저 비롯된 거 없었다.
어느 곳 어디에서나 없는 곳이 없었다.

천·인·지 3才 사상 정3각형 한몸되고
점(丶:소립자:기) 하나 앉히면 만물 다 들어나
굴리고 굴리고굴러도 4次元 완성이다.

<참고 도표>

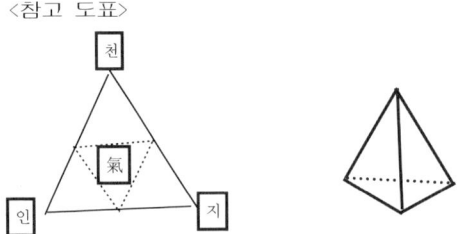

*천·인·지·기. 수·화·토·기 정3각형의 정4면체. 가장 간략한 입체를 나타낸다. 여기에 虛·實의 구별로 우주의 구성 요소를 알 수 있다.

7.玉笛 '天符經'
──'萬波息笛'

키 한(1) 자(尺) 아홉(9) 치(寸)
네(4) 쪽 세(3) 마디(節) 금척(金尺) 네(4) 배.

사람도 아홉 구멍
옥피리도 아홉 구멍.

휙! 불면,
피리소리 사람소리
사람소리 피리소리.

얼마나 누지르면
저리 높은 음뿔을까.

얼마나 곰삭혀야

저 맑은 소리 우려낼까.

울어라, 맺힌 실타래

실실 솔솔 다 풀린다.

<참고 도표>
*玉笛 天符
저 : 洞簫. 1척 9촌. 3절 4등신. 9공. 금척의 4배.

●: 취구.

◎: 청음공.

○: 지공.

❼: 7성공(후공:반음).

8. 짚신 75켤레

중원땅 곤륜산(鳥鼠山:朝鮮山) 끝자락에 살던 부족
묘족 일부 전쟁의 참화를 피해서
가다가 가다가보니 베링 해, 북미땅 오리건 주.

인류 문화 시원 유물 '짚신이 칠오(75) 켤레'[*1],
그짚신 줄행랑들 짚신이면 울동이족
9천 년 이전의 배달 조선, 그짚신과 똑같다.

이사실 뉘말인지, 놀라지 말일이다.
20세기 '과학'하면 꼼짝 못한 양학자들
그들이 '방사선 탄소 측정' 연구 결과 밝힌 거다.

[*1] 한민족 뿌리 사상 P.28. 참조(저자 송호수. 개천 민족회 간행. 1983. 2. 3.발행.).

9. 天機(○△□)를 누설하다

아득한 옛날(*B.C.* 8937.10.3.)에
한 神人이 계셨다.

천문과 자연 현상
꿰뚫어 보시고는,

천(○)·지(□) 간 원리 3·3궤짝에
9수리로 메웠다.

거기엔 윤·시·분
秒曆까지 들어있다.

피터고러스 돋뵌 음계
피보나치 수열 아름답다.   <

윷멍석(擲柶圖·柶杯圖) 한판 펼쳐놓으면
28수(宿) 별밭이다.

10. '天符經'(○△□)은 빼기 1의 '엔' 제곱[$(-1)^n$]이다.

1.

하늘은 쉼없이 씨앗을 뿌려주고
이땅은 하염없이 기르고 길러낸다.
사람은 氣가 다하면 온곳으로 돌아간다.

어미는 자궁집을 갖고있어 매달(28일)마다
1년에 열세 번씩 속곳속 꽃피우듯
지구도 달도 우주도 생리통을 앓는다.

자궁집 우주 만물 씨앗눈 지어낼 적
때맞춰 일련 번호 꼭 매겨야 함과 같이
요사이 주민 등록 번호, 상품 라벨도 그이치.

2.

우주 자궁 공(0)인데 그속에서 싹튼다.

모성은 마이너스 1('-1')이라 28일 간
무한정 불어나 빼기 1제곱[$(-1)^2$]*에 더하기 1[(+1)]*이 생긴다.

*읽기:$(-1)^2$→ 마이너스 1의 제곱. (+1)→플러스 1.

곧 이점, 성리학 이기 호발론관 다르다.
空(0)사상 같지만 연기설은 다르다.
비슷한 거와도 구별 못하는 진화론과도 다르다.

그래서 '수열'만은 만물의 대명사다.
엇비슷 같은 것도 없는 게 창조다.
오로지 하나뿐인 것, 귀한 존재 생명이다.

11. '天符印' 원(○)·각(△)·방(□)은

'天符印' 원(○)·각(△)·방(□), 이셋(3)은 단짝이다.
우주간 삼라 만상 기하학적 구조물
그 생성, 변화·질서 본 압축 기호 '천부인'.

그 반대 만물상의 기하학적 구조를
그려내 문양낸 그것이 '天符籍'.
문자로 수식·수리로 나타낸 건 '天符經'.

'천부경'엔 '一積十鉅'로 그려져 나타난다.
'一'이란 '端倪'로 '처음이자 끝' 한마디
하나('一')가 열('十')까지 쌓여 무한대로 버나니….

무한대 이 수리는 아무렇게 널려있는
난수표 아니라 일정 '수열' 짜여있어

'하늘의 이치에 드러맞는 도장'이란 뜻이다.

'천부경' 여든 한(81)자 이 중의 '一積十鉅'는
1·2·3·4·5·6·7·8·9수를 뜻하고
발생된 이수식 태어나면 빼기 1 '엔' 제곱[$(-1)^n$]된다.

12.'天符印' 노래 그 하나 원(○ : 天)

1.공(空:○)

1)圓*

'저 푸른 하늘이, 하늘이 아니며
저 아득한 허공이 푸른하늘 아니다.
모양도 바탕도 없고, 시작도 끝도 없나니….

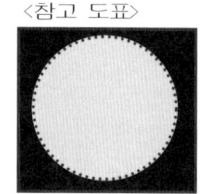

〈참고 도표〉

위아래 4방없고, 텅 비었음 뿐이다(공:0).
어느 곳 없는 곳없이 두루두루 다 있고
온갖 것 다 감싸안으면 빠트림도 없느니….'*1)(색:1).

비었어, 비었어라, 9만 리 장천 비었어라.
지우개로 지운 듯 지워져서 비었느니.
그제야 '환혼(桓) 빛' 햇덩이 밝아오는 저해님!

*1)'3·1 신고' 제1훈: '허공'. 蒼蒼非天/玄玄非天/天無形質 無端倪//無上下四方/虛虛空空/無不在無不容.

*1절의 천(하늘:우주)은 공(空 즉 0)으로 법을 설한 것이고, 2절의 천(하늘:우주)은 빈 것 같으나, 색(色 즉 1)으로 차있다고 한 것이므로, 공사상인 '색즉 시공 공즉 시색'과 다를 바 없다. 불교와 8393년이란 시공을 두고있다. 그래서 고려 시대 一然 스님은 '3국유사'에서 혼인(桓因) 님을 '帝釋'이라 칭했다.

2)기하학적 의의

3각형(人) 모서리는 세 개 변 세 개지만
4각형(地) 모서리는 네 개 변에 네 개다.
하늘(天)은 둥근 둘레 하나에 모서리도 없었다(○).

〈참고 도표〉

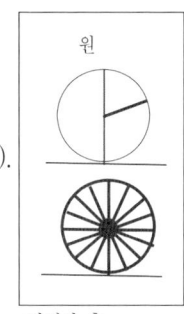

*바퀴와 축.

모서리 적을수록 힘(力點)을 많이 받게 되고
모서리 많을수록 힘점은 분산된다.
사람도 인격이 '원만해' 서로 서로 견줌된다.

2. 球()

〈참고 도표〉

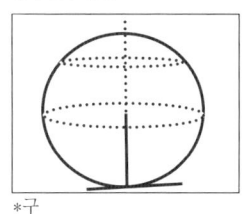

*구

속빈 데 비어있어 아무것도 없으나('無'=0)
비우면 강해져서 속엔 '기'가 꽉차있다('有'=1).
축구공 딴딴하니까, 바퀴짐끌고 달린다.

<

모나지 말아야지, 모난돌 정맞는다.
바닷가 갈린 몽돌 도리몽실 순한 마음
죽여라, 죽여라 '나'를, 비로소 '나'없다.

13. '天符印' 노래 그 둘 각(△:人)

오른쪽 정3각형 세변은 천·인·지다.
견제로 의지하며 서로 균형 이루었다.
'석3극' '무궤화3' 3한(三韓)은 '대3합해 하나(1)'다.

모서리(역점) 천·인·지는 기(氣)$^{*1)}$ 작용이 일어나
한곳에 모일 경우 4면은 합동이다.
비로소 우주 공간엔 한 입체(존재)가 이뤄진다.

4면체 변과 밑, 꼭지는 서로서로다.
변·면·벽 되어주고, 꼭지도 되어주니,
이속에 평등 공평한 민주 원리 숨어있다.

우주엔 정3면체 있을 수 없는 거다.
모두는 수·화·토·기(水火土氣) 4요소$^{*2)}$로 헤아려져

이렇듯 우주 부피 공간, 사람몸이 건축됐다.

1·2·3, 2·3·4, 1·3·4, 1(10)·2·4 수열,
나 하나 너 하나다, 별 하나 풀 한 포기
송사리 한 마리까지도 변·면·벽이 돼준다.

솥발은 3세발로 우주를 이고간다.
세발로 3족오도 하늘을 딛고난다.
씨앗눈 '기'쏠림 작용으로 땅을 뚫고 솟는다.

*1):물과 빛소리.
*2):고대 그리스의 철학자인 엠페도클레스(*Empedokles* : B.C. 493.~433.)는 4원소를 흙·물·불·바람(지수화풍)으로 보았다. 불교에서도 우주의 구성 요소를 4대 즉 지수 화 풍으로 본다.

<참고 도표>

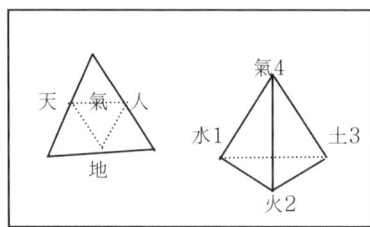

<도·1.> 석3극, 3원 1체.

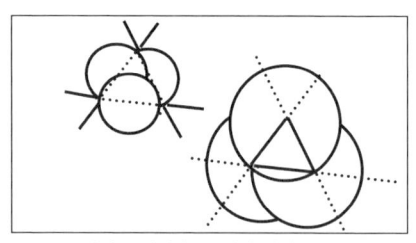

<도·2.> 기의 쏠림작용. 수렴과 확산.

14. '天符印' 노래 그 셋 방(□:地)

1.

정4각 동서 남북 중앙·5방 따로 있어(<도·2·3>)

이5는 고정 불변, 帝皇 자리로 보았다.

독제와 전제 군주국도 여기에서 창출됐다.

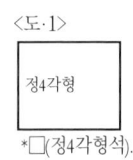

<도·1>
정4각형
*□(정4각형석).

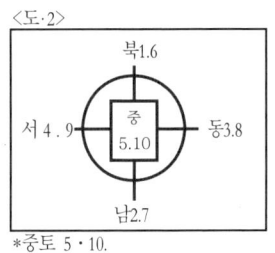

*중토 5·10.

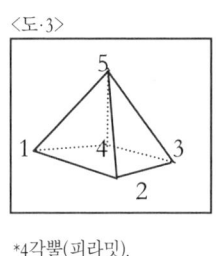

*4각뿔(피라밋).
<

고대 적 피라밋도 진시황 만리 장성도
帝皇들 소산물 흔적이라 할 수 있다.
철학이 빈곤했던 야욕은 온인류의 불행이다.

2.

우리가 살고있는 우주(지구)는 정6(六)면체다.
입방체 이안엔 生數인 1·2·3·4(<도·4.> 밑변)
成數인 6·7·8(<도·4.> 상변) 배어있고, 12수(모서리)도 들어있다.

<도·4.>

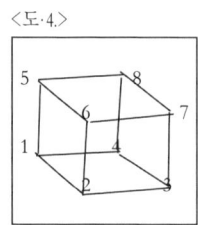

*정6면체.

'12'는 '10+2' 후천수 시작이다.
또 시작 '一積十鉅' 쉼없는 반복이다.
쌓이고 쌓이면 지구되고 우주 만물 펼쳐진다.

'수열'로 정6면체 반듯하니 짜였다[*1)](<도·4.>).

하늘도 5·6·7·8, 밟은 땅 1·2·3·4
기둥은 2·6, 4·8과 1·5에다 3·7이다.

모래알 한 알까지, 별 하나 풀 한 포기
서로가 서로서로 하늘·땅 벽돼준다(<도·4.>).
살아도 죽어도 집 한 채 기둥 넷의 6면체.

*6면체 고인돌.

15. 天山 · 겨울 神佛山
—— 2013(계사년) 원단 신불산아래 艸牛野墅에서

1.

낮은 산 비가 오고 큰산엔 눈온 아침
구름도 한 점없는 白山은 눈부시다.
늙은 몸 이끄는 지팡이끝, 놀란 장끼 푸드덕.

그소리 하도 커서 지축이 흔들린다.
그작은 몸짓으로 山心을 자질한 새
그뜻을 가늠할 수 없는 신불산 굴뚝새야….

진산인 白頭 알고, 조산인 太白 알면
대륙의 '天山'자락 '신시 별읍' 알것다.
역사책 갈피속 '天符經'(○△□) 알고도 남것다.

2.

여든한(81) 자 그뜻속 만년 紀年 품은 채

한반도 짜부라진 깡통이듯 밀렸으나
저 넓은 조선들 대륙은 안마당 활터였다.

나라연 상원 갑자 實史를 뉘 부정하리.
판별된 민속 문화로 伸寃을 풀 때다.
해뜬 곳 '환한 호국'은 본래부터 '韓·朝鮮'.*

사람아, 온사람아, 감긴눈 크게 뜰 것.
2만 리 동녘끝엔 해돋는 울산 接點
'첫햇살 받'*1)은 神佛山, '다물' '복본'(*U-turn*) 하누나.

   *朝光先受.

16. 훈국(桓國)은 로터리

지구촌

한가운데

상고대 맏집이다.

언어둥지

가지마다 걸어준

꼭지집이다.

꼭두에

　　＜

황금관 쓴 하늘집

거미만은 알고있다.

제2장 ──────── 세계 사상의 뿌리 '天符經' 81자의 뜻

제1절/1시 무시1(一始無始一)
제2절/석 3극 무진본(析/三極/無盡本)
제3절/천1·1 지1·2 인1·3(天一一/地一二/人一三)
제4절/1적 10거(一積十鉅)·1·2
제5절/무궤화3 천2·3 지2·3 인2·3(無匱化三/天二三/地二三/人二三)
제6절/대 3 합(大 三 合)
제7절/6생 7·8·9운(六生/七八九運)
제8절/3·4 성환5·7(三四/成環五七)
제9절/1묘연 만왕 만래용변 부동본(一妙衍/萬往萬來用變/不動本)
제10절/본심 본 태양 앙 명인 중천지1(本心/本/太陽/昻/明人 中天地一)
제11절/1종 무종1(一終無終一)

<제1절>
1시 무시1(一始無始一)

<풀 이>

'1에서 시작하나 1시작만도 아니다.'

<표·1.>에 1의 범원 영에서 1까지다(0↔1:원의 반경).

그래서 3백 60도수 중의 1에 불과하다.

<표·1.>

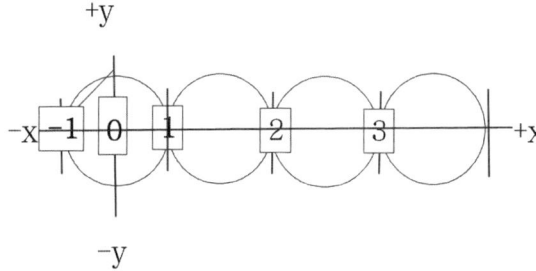

<뒤 풀 이>

'천부경 시대'부터 '0'의 개념 있었다.

'1'('一') 자는 端과 倪가 첨과 끝 한몸(0=1)이다.

기원 전(B.C.) 8,937년 전 일이니까, 믿겠는가.

0은 우주 자궁이니, 마이너스 1(-1)이다.
사인 제곱 엑스 더하기 코사인 제곱 엑스는 1($sin^2x+cos^2x=1$)
탄젠트 45는 계산상 1($tan45=1$)이다.
이운동 관계 수식으론 마이너스 1 '엔' 제곱[$(-1)^n$].

<제2절>
석 3극 무진본(析/三極/無盡本)

<풀 이>

하나인 이우주를 구태여 '가른다면,

세 극의, 천·인·지로 나눌 수 있겠지만(<표·1.·2.>)

진실로 다함이 없는 그근본은 그자체다.'

천
인
지

<참고 도표> 석 3극.

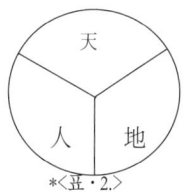

*<표·1.>   *<표·2.>

<뒤 풀 이>

훈웅(桓雄)이 천계에서 세상으로 내려와

광명 천지 만들고자 늘큰뜻 품었다.

아들꿈 안 훈인 천제(桓因天帝)는 '천부인'(3개)을 안겼다. <

아들을 지상으로 내려보내 다스리게 했다[*1)]
혼웅은 슬하 사람 3천을 거느리고
태백산 신단수아래서 蘇塗 神市[*2)] 열었다.

천·인·지 三源 혹은 三才란 3신 사상
모양새 본딴 것이 천원(天圓:○)·인각(人角:△)·지방(地方:□)이다.
이것이 천리에 부합하는 '天符印'인 것이다.

세 가지 도장 형상 원·3각·4각형이
數理와 결합해서 문자로 나타난 것,
'天符經' 그려낸 문양, 이런 것이 天符(籍)다.

[*1)] 在世理化 弘益人間.
[*2)] 초대 거발혼(居發桓·B.C. 3898.).

<제3절>
천1·1 지1·2 인1·3(天一一/地一二/人一三)

"하늘은 첫번째로 맨윗층 '천1·1'칸

이땅은 두 번째로 중층에 '지1·2'다.

사람은 그 세 번째 층 '인1·3'에 넣었다."

<제4절>
1적 10거(一積十鉅)

<풀 이>
1.
'하나가 늘어나면 쌓여 열(무한대)로 불어난다.'
선천 수 일이삼사(1·2·3·4) <오>륙칠(⑤·6·7)에 팔구(8·9)되고(<표·1.>),
후천 수 이삼사오<륙>(2·3·4·5·⑥) 7·8·9에 10된다.(<표·2.>).

여기서 선천 시대 그다음 후천 시대
이 둘로 갈라쓰고 있기는 하지만도
오로지 수학적 술어임을 알아채야 하느니.

이수리 구조 모르면 접근할 수가 없다.
단 한 권 '부도지'만 이수리 담고있다.
'천부경' 수리 역학은 2원으로 짜여졌다.

<참고 도표>

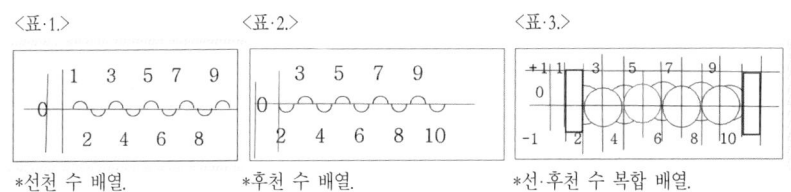

*선천 수 배열.　　　　*후천 수 배열.　　　　*선·후천 수 복합 배열.

선천 수 후천 수는 '천부경' 탁견이다.
<표·1.·2.> <표·3.>에서 도출할 수가 있다.
이수리 '천부경' 비밀 풀 수 있는 열쇠다.

2.

1·2나 3·4 生數, 6·7·8·9 成數다.
1·3·5, 7·9 陽數(實數), 2·4·6·8, 10 陰數(虛數),
⑤·⑥은 각 양·음 기둥수(中心數), 모두 數列·集合이다.

중심수 ⑤·⑥ 수린 고정 불변 아니다.
0에서 9까지 수 모두가 중심수된다.
이수린 歷史·문화 깨우친 '천부경'의 혼이다.

　　　*'부도지' 67쪽 제21장. '變者는 自1至9故로 5者不得常在於中而9者輪回하야 律呂相調然
　　　後에 萬物이 生焉하니라.'
　　　*⑤는 1~9의 중심 수리, ⑥은 2~10(0)의 중심 수리임.

<제5절>
무궤화3 천2·3 지2·3 인2·3(無匱化三/天二三/地二三/人二三)

'궤짝도 바이없는 우주 공간 3극 조화
天2·3, 땅도 2·3, 사람도 2·3이다.'
저하늘 3칸에 이땅 3칸, 사람 3칸 궤9칸.

<제6절>
대 3 합(大 三 合)

<풀 이>
'천・인・지' 셋 합하니…,'
다함께 같닮은꼴(<참고·1.>).

천(1) · 지(1) · 인(1) 셋은 하나
3원 1체[三源一體 : 3재(才)] 합동이다(<참고·2.>).

하늘땅 사람도 분별없어
수순(數順)만이 남았다(<표·1.>).

*주:<표·1>은 수 배열의 순서가 된다.

1·1	1·2	1·3
2·1	2·2	2·3
3·1	3·2	3·3

<표·1.>대 3 합.

<

105

〈참 고 · 1.〉

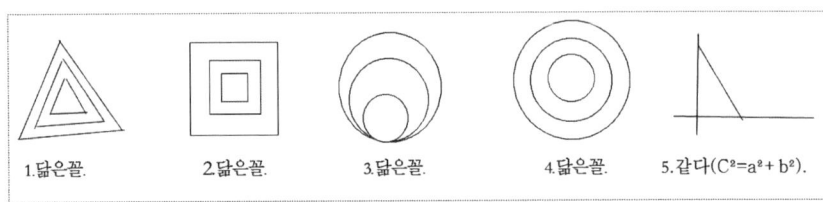

1. 닮은꼴.   2. 닮은꼴.   3. 닮은꼴.   4. 닮은꼴.   5. 같다($C^2 = a^2 + b^2$).

〈참 고 · 2.〉

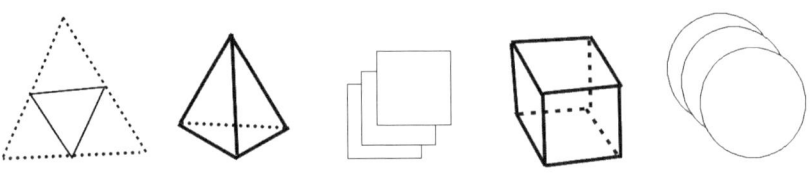

〈합동·1.〉 정3각형.   3각뿔 정4면체.   〈합동·2.〉 정4각형.   〈합동·3.〉 정6면체.   〈합동·4.〉 원.

<제7절>
6생 7·8·9운(六生/七八九運)

<풀이>

중심 수 ⑤가 생겨

成數((6·7·8·9)를 배열했다(<표·1.>).

'중심 수 ⑥도 생겨

成數(7·8·9·10)를 배열하면'(<표·2.>).

비로소 상(3)·중(3)·하(3)·9칸

수열기틀 생긴다.

<표·1.>
중심 수 ⑤배열.

1	2	3
4	⑤	6
7	8	9

<표·2.>
중심 수 ⑥배열.

2	3	4
5	⑥	7
8	9	10

*'천부경' 제1절에서 제7절까지는 9수 배열의 이표를 만들기 위한 과정다름아니며, 제8절에서 비로소 전개된다.

<

〈뒤 풀 이〉
1) 금척 복원도

'천부'의 하나로서 '수열'의 칩(chip)이로다.

朴 문중 바깥분이 '금척지' 본 사람은

매월당(金時習) 혼자뿐으로, 5척 4등분, 3태[*1)]라네.

> *1) : 박재상(영해 박씨) 문중.
> *금척의 생김새 : '其形象則如三台之列, 頭含火珠, 四節而五寸, 其虛實之數 九而成十 此 則天符之數也'.
> *'有時聚藻鱍金尺 忽沫淸瀾抛玉梭'-'金溪魚躍' 중에서. 梅月堂 金時習.
> *'부도지'. 173쪽. 박제상 저. 金殷洙 譯解.

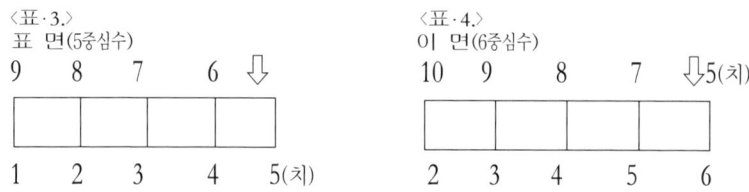

〈표·3.〉
표 면(5중심수)

9	8	7	6	⇩
1	2	3	4	5(치)

〈표·4.〉
이 면(6중심수)

10	9	8	7	⇩5(치)
2	3	4	5	6

2) '天符經' 노래

모양은 3·3궤짝, 나이는 먹지않고

9수로 우주 원리 풀어내 감는다.

만물은 수열의 물결, 질서이자 화음이다.

〈

3) 통 소(洞簫:저:玉笛)·萬波息笛

만물은 虛·實數와 律·呂音에 생겨났다.

3음계, 맑은 소리 萬波를 잠재우고

金尺의 네(4) 배로 한(1) 자 아홉(9) 치에 구멍 아홉.

<표·5.>
옥적과 數

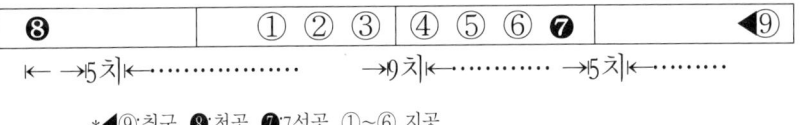

*◀⑨:취구. ❽:청공. ❼:7성공. ①~⑥ 지공.

<참 고>
1)'天符經' '수도쿠' '마방진'의 비교

①공 통 점

대각에 가로세로 겹치는 수가 없다(공통점<표·6.·7.·8.>).

대각의 가로세론 모두가 수열이다('천부경'<표·6,표·7.>).

이저리 다 대각으로 합은 모두 똑같다(<표·8.>마방진).

<참 고>

<표·6.>
'천 부 경'

1	2	3
4	5	6
7	8	9

<표·7.>
'천 부 경'

2	3	4
5	6	7
8	9	10

<표·8.>
마 방 진

4	9	2
3	5	7
8	1	6

②차 이 점

마방진 열 '+'자와 대각으론 수열이나
추구한 밑바탕은, 수열이 아니로다.
그러나 종횡 대각으론 같은 합만 구한다.

원래는 수열로써 배열된 그림형을(<표·9.>)
3과 7, 1과 9를 바꿔친 게 마방진(<표·10.>).
마방진, 數獨(sudoku) 생성 원릴 논하는 게 아니다.

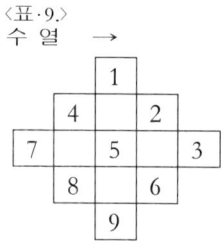

<표·9.>
수 열 →

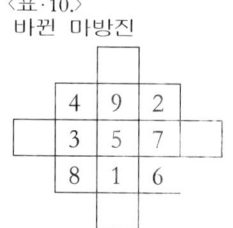

<표·10.>
바뀐 마방진

2)'천부경'과 5방위 수

북녘1·6 수(북:一·六 수)·겨울·흑(동·흑)

남녘2·7 화(남:二·七 화)·여름·적(하·적)

동녘3·8 목(동:三·八 목)·봄엔 청(봄·청)

서녘4·9 금(서:四·九 금)·가을·백(추·백)

이렇듯 중앙5·10 토(중:五·十 土), 연중 4철 누른빛(年中·四時·황).

〈표·11.〉
以內制外

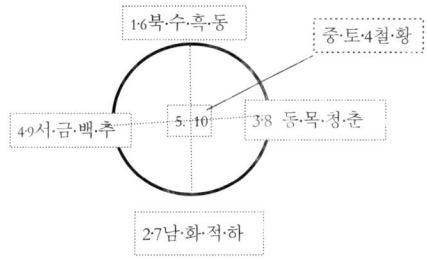

5방의 중심수인 5·10은 수열 아닌
방위의 중심(교차)수리, 거북이 털이로다.
數理와 관계가 없는 토끼씨의 불이로다.

帝堯^{*1)}가 수와 물성 결합해 5방(土) 정하고
'內로 外 제압'하는 율법을 만들어서
제왕의 唐都를 세워 符都^{*2)}마저 침탈했다.

*1) 요임금(BC.2357)을 말하는 것으로, 唐堯·陶唐·帝堯라고도 부른다.
*2) 단군 조선의 수도 서울이었을 뿐 아니라 세계의 公都였다.

堯가 곧 관문밖의 무리를 모아서는

黃穹氏 후예들인 苗裔를 쫓아냈다.

그땅은 훈인 천제(桓因天帝) 아부지 有因氏*¹⁾의 고향이다.

　　　　*1)'부도지' 56쪽 제17장. 65쪽 10행. 75쪽 11행.—박제상 저. 김은수 역해.

단왕검(BC.2333.) 요임금(2357.)이 동시대 사람으로

요임금 중심수인 5황제난 구데타로

몰릴 때 수도 서울(符都)을 여러 차례 옮겼다.

3) 洪大容*¹⁾의 5방수에 대한 반론

"5행의 다섯 수린 정해진 설 아니다.

역술인 지어내서 '河圖' '洛書' 이치에다,

억지로 끌어다맞춘 것이 오늘날의 5행설.

'주역'의 象辭로써 보기에만 천착해

상생극 비잠 주복 그리해 지리 멸렬

장황한 이 뭇기교는 아무 소용 없는 것.

불 '火'는 햇덩이(일·日)에 水土는 지구공이다.

木金과 같은 것은 해·지구 생성한 것.

火水土*²⁾ 3자와 더불어 나란함은 부당한 것."('부도지' 58쪽.)

*1)조선조 영조·정조(1731.7.~1783. 정조 7년.) 때의 실학자. 종래의 음양 5행설을 부정하고 氣火說을 주장. 북학파의 선구자. 저서 '담헌 설총' '건재 필담' '4서 문의' '심성문' 등이 있다.

*2)'부도지'에서는 우주의 구성 요소를 氣火水土虛實로 보았다. '3·1 신고' 제4훈에서는 '神呵氣包底'라 했다.

<제8절>
3·4 성환5·7(三四/成環五七)

'서이(3)는 중심 ⑤로 5·7로 성환하고
너이(4)는 중심 ⑥에 6·8로 성환한다.'
9수는 모든 수 중심수, 절로절로 변한다.

<참 고>
<표·1.>선천 수의 전개도
3성환 5·7

<표·2.>후천 수의 배열 전개도
4성환 6·8

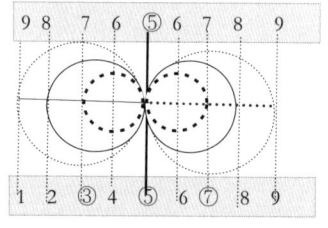
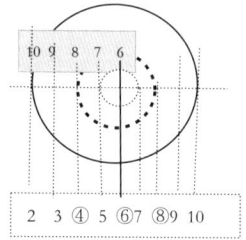

<제9절>
1묘연 만왕 만래용변 부동본(一妙衍/萬往萬來用變/不動本)

<풀 이>
'알갱이 저하나가 점점점 불어나서

천만 번 오고가는 변장술 부리지만

겉모양 바뀌어본들 제모습은 그대로.'

<뒤 풀 이>
1.
이우주 공간에도 보이잖는 소립자

먼지와 수증기와 흙탕물 차있나니,

여기에 '기가 작용해서 대폭발을 했니라.*¹⁾

　　*1)'3·1 신고' 제4훈:中火震盪.　　　<

2.

'妙'자는 묘할 '묘'자 감상적 표현이다.
'천부경' 수리적인 안목으로 볼 때는
예사로 감상적인 표현은 수용할 수 없는 일.

때문에 묘할 '妙'자 작을 '渺' 적에는
1밀리(1㎜) 천억 분의 1이란 뜻을 가진
작을 '渺' 표현이 오히려 타당하지 않을까.

제4훈 '3·1 신고' '爾地自大 一丸世界'
일러서 '네가 사는 이지군 커뵈느냐?'
'한 알의 작은 환약만한 세계니라.' 이승은.

*나노 시대를 예견하고있는 문장으로 보아진다.

<제10절>
본심 본 태양 앙 명인 중천지1(本心/本/太陽 /¹⁾昻 /ᴬ⁾明人²⁾中天地一³⁾)

<풀 이>
'본래의 본마음은 태양과 똑같아서*¹⁾

밝음과 하나가 된 온전한 참사람은*²⁾

천지 간 꼭두 제1이라,*³⁾ 우러러 봐'*⁴⁾ 다함께…

<뒤 풀 이>
"제4훈 '3·1 신고' 4항 우주 탄생"에는

'신께서 큰해님을 이세상 심부름보내

천지를 7백쪽내 거느리게 하신다.'고 적혔다.

*神勅日世使者/轄七百世界.

<제11절>
1종 무종1(一終無終一)

<풀 이>
'하나(1)가 끝이라도(0) 끝남은 아니로다.'

그어디 둥근고리 시작에 끝이던가.

날이면 날이날마다 해가 뜨고 해가 지고….

'천부경' 겉으로는 윤회란 표현없다.

첫절에 '一始無始一' 끝절엔 '一終無終一'

첨과 끝, 이저리로 묶여있어 '成環'이다.

2장의 4절에서 보이는 바와 같이   <

후천수 시작 '2'는 열 합친 둘(10+2)에 시작,

수리도 생성・소멸・순환 문장으로 보인다.

〈뒤 풀 이〉
나의 이 콩밭에는 東西 나절 사리고
언제나 해를 업고 김매는 우리네들
이랑은 내 나이만큼 쉰도 훨씬 넘는다.

온아침 나절녘엔 키보다 긴그림자
번뇌의 길이로다, 그림자 쪼며맨다.
믿음은 녹음보다 짙어 구름달려와 훈수다.

저녁답 나절녘은 이랑매면 맬수록
이랑은 풀어주나, 그림자 더 자란다.
적막은 산그늘을 몰아 발꿈치를 적실 때.

… -3-2-1 0+1+2+3 …
[…빼기 셋(-3) 빼기 둘에(-2) 빼기 하나(-1) 이밖에
공뒤에 더하기 1, 1뒤에 더하기 …2・3(0+1+2+3)….]
대방불(대방 광불) 화음 境界, 짝지은 믿음・허무
저문땅 이콩밭이랑에 환한 아침 출렁인다.

*졸저.'조강지 처'(糟糠之妻). 38쪽. '콩밭을 매며'.(2000. 10.12. 대한).

제3장 ────────────────────────── '天符經' 수리의 전개

'天符經' 수리의 전개 · 1(─수리와 3正)
'天符經' 수리의 전개 · 2(─수리와 曆) /1.수리와 曆[1)1 · 4 · 7은 性數 2)2 · 5 · 8은 法數 3)3 · 6 · 9는 體數 4)기타의 역 5)'堯'의 曆制 6)螺旋形 수열(──체수 3 · 6 · 9와 법수 2 · 5 · 8…)]
'天符經' 수리의 전개 · 3(─수리와 민속) · 1.윷 놀 이(柶栖圖) · 2.고 누(곤·꼰)
'天符經' 수리의 전개 · 4(─수리와 三六大禮)/1.문헌 근거('단군 세기') · 2.절의 몸가짐 · 마음가짐
'天符經' 수리의 전개 · 5(─바둑판은 천리 · 수리의 축소판)

'天符經' 수리의 전개·1
―― 수리와 3正

<풀 이>

<표·1.>의 중심 수리 1부터 9까지(ㄱ~ㅈ)는

수리를 바꾸어도 성수인 1·4·7은

법수인 2·5·8수리와 체수, 3·6·9는 똑 같다.

<표·1.> 수의 배열

천 권의 상징물로 여겼던 세(3) 개 중에

하나로 생각되는 '9수 3正 천부경'을

비로소 이름짓는다, 실증 역사 담보다.

'天符經' 수리의 전개·2
―― 수리와 曆

1. 수리와 曆

天道는 돌고도는 가운데 終始있다.

한 원을 중심으로 직각적 4등분하면

4단씩 겹쳐 돌아가고, 돌 때마다 종시있다(<표·1.>).

1終始 틈사이를 小曆(1/4)이라 부르고(<표·1.>)

종시의 종시를 中曆(2/4)이라 부르며((<표·1.>)

네 번씩 겹친 종시를 大曆(4/4)이라 이른다(<표·1.>).

<표·1.>
曆의 종시 祀(年)

1) 1·4·7은 性數
──1·4·7·10·13…28……364…는 무한 수열이다

小曆의 제1회를 祀(年)라고 부른다(<표·2.>).

그 祀(年)는 13期(月)라, 1期엔 28일(<표·2.>)

4曜 중 1曜의 값은 4분의 이팔(28) 7일이다(<표·2.>).

이런 曜 끝나는 걸 服이라 말해왔다.

1사(年)엔 52服, 7일(13×4×7)은 삼육사(364) 일

일사칠(1·4·7)…일삼(13)…이팔(28)…오이(52)…삼육사(364)…는

무한 수열 원소다.

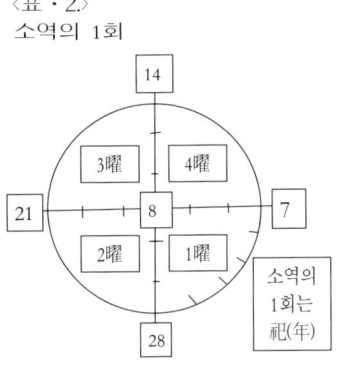

<표·2.>
소역의 1회

2) 2 · 5 · 8은 法數
───2 · 5 · 8…20…26…32…182…365…는 무한 수열이다

每祀의 시작에는 大祀의 旦이 있다.

旦과 1 같은 수리 합하면 삼육오(365) 일

3祀半 돌아올 적마다 大朔의 昄 꼭 있다.

昄이란 2분절 祀 1백에 82일

祀의 4, 큰달 1과 같아서 삼육륙(366) 일

閏年을 조율하는 수열은 2와 5와 8이다.

2·5·8 수열 둘의 성격을 품고있다.

그1은 다음 수가 3개씩 불어나고

그2는 앞 두 수의 합이 다음수로 된 거다.

　　　　*주:2·5·8·11·14….
　　　　　0+1+1+2+3+5+8+13+21…
　　　　*주:旦과 昄은 피보나치 수열의 '(1+1)'이다.

3) 3 · 6 · 9 體數
───3 · 6 · 9…162…300…600…900…9000…9633…은 무한 수열이다

10祀(年)의 半 편에는 大晦의 구(晷)가 있어,

晷에는 時의 근원, 3백(300) 晷 1眇되고

이같이 구륙삼삼(9,633) 묘 지나 刻·分·時가 윤1된다.

저절로 끝이 막 끝나고 또 시작해
차차차 中曆부터 大曆까지 미쳐서는
數理로 이루어지고, 曆과 歷史 동튼다.

4) 기타의 역

중국엔 顓頊曆과 三統曆·四分曆 있다.
갑골문 해독으로 밝혀진 역도 있다.
그러나 정치한 계산법인 혼역(桓曆·한국역)에는 못 미친다.*

<small>*이점에 있어서는 서양역들도 마찬가지다.</small>

5) '堯'의 曆制

'堯' 임금 曆制에는 천수 근본 못 살폈다.
거북이 명협이나 미물의 근본 취했다.
이 曆制 무슨 속셈인가, 요임금께 묻고싶다.

천지간 만물은 다 수에서 나왔으니,
수 각각 저마다는 상징옷 입고있다.

거북이 명협뿐일까, 사물마다 제역(*biorhythm*) 있다.

6) 螺旋形 수열
──체수 3·6·9와 법수 2·5·8···

앞 두 수 다음 합이 수되는 수열이다.

이 수열 피보나치(A.D. 1,170.~1,250.) 수열로 불리우고

생태계 자연 현상까지도 나선형을 이룬다.

달팽이(껍질)·해바라기(씨)·가마·꽃잎 수·화서···.

백합 1, 등대풀 2, 연령초 3, 딸기꽃 5장,

8장의 코스모스, 금불초 13장,

질경이 34장에 데이지 꽃 삼사팔구(34,89)장.

　　　*이 모두 피보나치 수열의 원소로 되어있다. 1+2·3·5·8에서 5:3을 황금 비율이라 한다.

〈표·3.〉
5:3의 황금비 나선형

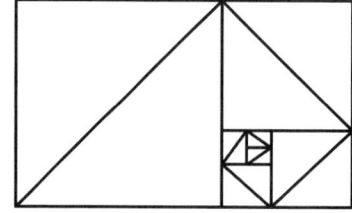

'天符經' 수리의 전개 · 3
── 수리와 민속

1. 윷 놀 이(柶杯圖)

4등분 원주꼴은 네 원기둥(4주) 꼴이다.

도는 데 한 번(1주) 20보, '十'자형 8(2×4)보, 모두 이팔(28:28수 별자리)

이오팔(2·5·8)[*1)], 무한 수열 원소로 구성되어 있었다.

　　*1)피보나치 수열의 황금비다. '수리와 역' 참조. ⋯0·1·1·2·3·5·8⋯

⟨표 · 1.⟩
윷놀이 말판

윷판도 曆과 관계, 한 달도 28일

중앙은 교차로(로터리)로 숫자가 아니로다(윤 1일.).

곧 이점 '하도 낙서' '주역' 들과 다른 것이 변별성.

윷놀이 재미속에 이팔수(28수:宿)[*2)] 曆 들었다.

역수리 알려주는 윷말판 별밭이다.

재밌는 민속놀이가 수리학의 한 단면.

*2) 동방 7사:角·亢·氐·房·心·尾·箕.(5+2).
　　북방 7사:斗·牛·女·虛·危·室·壁.(5+2).
　　서방 7사:奎·婁·胃·昴·畢·觜·參.(5+2).   4×7=28
　　남방 7사:井·鬼·柳·星·張·翼·軫.(5+2).
*28은 1·4·7 무한 수열의 원소다.

'–인문도 빨리 발달, 5곡도 풍성하니,

마침내 紫府 선생*3) 일곱 번(7회) 쓴 祭神曆*4)

그런 후, '3皇內門'을 천황(14대 치우)에게 바쳤다–.'

*3) 14세 치우 천황 때의 신선. 일찍이 황제 헌원·공공·대요·창힐… 들에게 동방의 대도를 전수함.

*4) 신시 별읍 시대 7회로 제사지내는 책력이 있었다. '태백 일사' '신시 본기' 참조.

천황이 기뻐하며 '三淸宮' 지어서는

편안히 자부 선생 거처케 했도다.

공공과 헌원·창힐·대요가 무릎꿇고 배웠도다.

그때야 윷놀이를 지어내 '훈역'(桓易)*5) 삼아

자세히 연역했네, 첫 훈웅(桓雄) 그때 易을

神誌(赫德)가 '천부경' 기록남긴 그취지를 전했네.

*5) '훈단 고기' '마한 세가'에 전해온다.　　　　　<

〈참 고〉
〈표·1.〉
윷놀이 말판

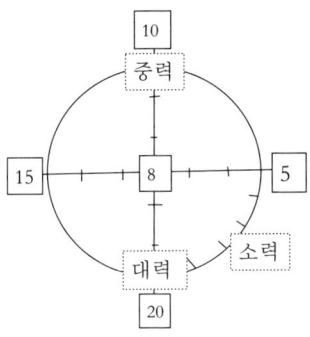

2. 고 누(곤·꾼)

고누의 종류로는 여러 가지 널려있다.
그중엔 3중 4각, 3중 원형 표본이다.
〈표·3.〉의 모양새와 같이 '十'자 대각 긋는 선.

한편은 시계 방향 또 한편 반대 向數(방향 도는 숫자)
순서를 모두 매겨 이사(24)까지 배열하면
'十'자로 대각선으로도 모두 수열 이룬다.

〈

놀이의 전술적인 1면도 있겠지만
식물잎 화서들의 입체적 나선형은
우리들 한민족 민속 기원 여실히도 밝혀준다.

〈참 고〉

〈표·2〉
원형 고누

〈표·3〉
4각 고누

*바둑판의 천원점(·)을 중심으로 3칸(다)씩 벌려야 일치한다.

'天符經' 수리의 전개 · 4
―― 수리와 三六大禮

<뜻·절법>

수리 중 3·6 대렌 부르길 三·六·九拜

해마다(3월 16일) 3신 상제께 천제를 올릴 때나

천자를 알현할 때 올리던 우리 고유 옛절법(拜叩).

3번씩 절(拜)할 적엔 1배에 머릴 세 번

3번씩 조아리고(叩), 재배땐 꼭 6번씩

3배땐 아홉 번 조아린 '옛절법'을 말한다.

<수리 관계>

3·6·9, '9수 3正 천부' 수리 중 하나

곧바로 '체수'라는 무한 수열 뜻한다.

여기서 우리네 잊어버린 '옛절법'이 보인다.

<관 행>

사람들 사인 1배, 조상님 2배로다.

부처님(큰스님) 앞엔 3배 임금님 4배로다.
여기서 부처께 올린 3배절을 빼본다.

1·2에 4·8·16, 32·64…로
1태극 2음양에 4상 8괘… 易學行.
모양은 '같은 수열'이나 간 방향은 '삼천포'.

<참 고>
1.문헌 근거('단군 세기')

1)
제3세 단군 가륵 기해(원년:B.C. 2182.)년 5월에는
임금이 3랑 예관 '을보륵' 불러놓고
'神·王과 倧·佺의 道'에 대해서 물었다.

이때에 '을보륵'이 엄지가락 깍지낀 채
오른손 왼손위에 엄지를 교차한 채
태극형 지어 '3·6 대례' 행한 뒤에 고했다.
                                    <

2)

마흔넷(44세) 단군 丘勿 丁巳年(B.C.424:재위 2년.) 무렵에는
예관이 '3신 영고제' 올리길 청했더니,
임금이 친히 납셔서 경배하니, 대영절(3월 16일).

초배엔 3번씩만, 재배땐 6번이다.
3배땐 9번이나 조아려 '3·6대례'.
특별히 그날은 임금이 10번이나 조아렸다.

2. 절의 몸가짐·마음가짐

1)몸 가 짐

엄지와 손등끼리 교차한단 이말씀은
오른쪽 엄지로는 '子'자를 가리키고
왼손쪽 엄지로는 '亥'를 가리키게 했던 것.

오른손 손바닥은 왼손등월 포개고
왼엄지 오른손의 손등월 교차해서
깍지낀 모양새로봐 태극 형상 만든 거다. <

반드시 무릎꿀 땐 공손히 조아려 읍,
역시나 절할 때도 읍 한 후 꿇앉는다.
이예법 '변치않는 예의 한결같은 원칙'(常)이다.

2)마음가짐
'揖'이란 '모은다'(聚)는 맘모음 한가지다.
두 손을 마주잡은 하늘공경 뜻도 된다.
이 '詭'는 '순종한다'(順)는 뜻, 무릎모아 땅에 댄다.

'拜'란 뜻 '드린다'(獻)는, 머리를 조아린 뜻
이예는 몸바쳐서 선령께 보답한 거.
'獻'자는 혹 '나타낸다'(現)는 그런 뜻도 갖는다.

머리가 손에 닿는 걸 '拜手'라 말을 한다.
이마가 땅에 닿으면 '叩頭'라고 부른다.
이럴 땐 땅바닥 이마 닿게 몸을 굽혀 절한다.

'天符經' 수리의 전개 · 5
―― 바둑판은 천리 · 수리의 축소판

천원점 1로부터 시계 방향 2 · 3 · 4…로
나선형 차례차례 수자리 매겨가면(<참고도>)
반상은 17줄*1) 우주 축소판에 다름없다.

'수리'와 삼라 만상 더불어 태어난다.
서로가 서로서로 유기적 '수열' 이뤄
이저리 종 · 횡이나 대각, 갈매기난다, '수열'로.

천원점 1축으로 가마를 틀고앉아
잎나면 꽃필 차례, 태풍엔 회오리다.
정연한 천체 운행은 장관이다, '수열' 쇼(show)다.

堯 · 舜은 '하도 낙서' 설명 좀 해야겠다.
殷湯도 짤랑짤랑 占卦 좀 뽑아보지.

여지껏 '야바위' 속에 인간들은 살았다.

잡다한 바둑 기원설 단칼에 잠재운다.

상원 갑자 '天山' 자락 燉煌에서 싹튼 나라

神市를 세운 흔인씨(桓因氏) '개천 선언문' '천부경'.

   *1)중국의 유물 발굴에서 8줄(道·路)·13줄·17줄로 된 바둑판이 나왔다. '천부경' '1적
   10거'는 바로 19칸 바둑판이다. 데카르트 좌표계다.

<바둑의 어원>

바둑은 한자론 '碁' '奕'으로 같이 쓴다.

奕·易·醫 중국 발음 '이'라고 소리낸다.

'曆'자도 '리'라 발음하니, '曆'과 관계 얽혔다.

기원 전 팔구삼칠(8937) 이미 흔역(桓曆) 있었다.

1년은 13개월, 한 달 4주, 1주 7일.

한 해는 3백 64일 섣달 큰달 1더하기.

1년은 3백 65, 3년 반에 덤 윤1일

'1·4·7, 일삼·이팔(13·28), 삼육사(364) 무한 수열.

사람의 생리 주기 28, 역의 원리 그대로다.   <

〈참 고 도〉

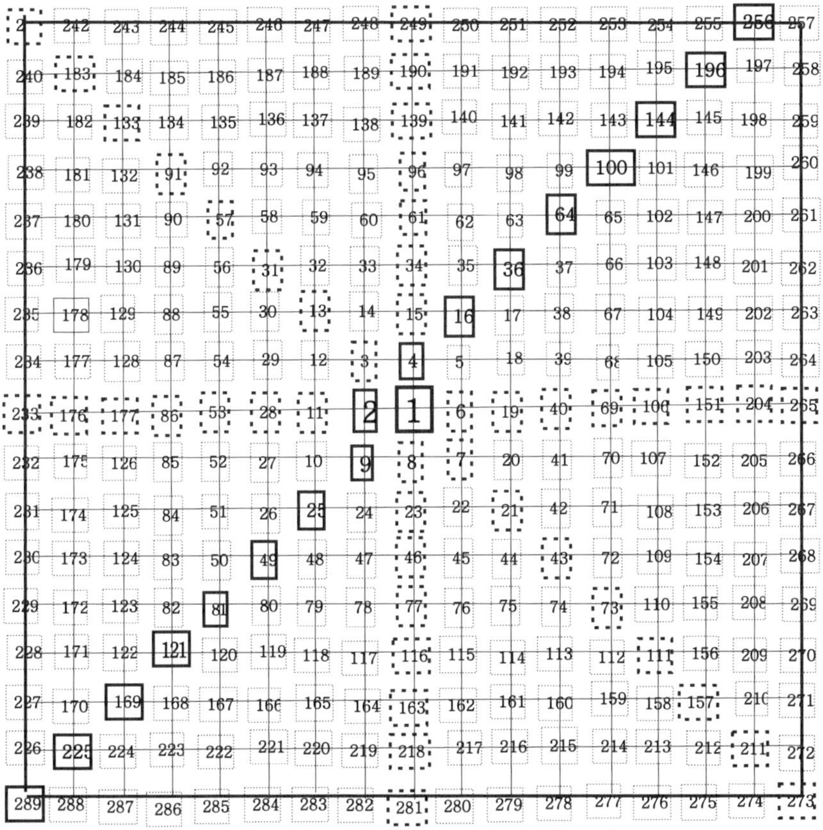

*바둑판 수의 분포(17줄 바둑).

땅은 '방'('□':方), 땅을 일군 밭이면 '田'이다.
'田'자는 '방'('□')이 네 개, 상형화 문자로다.

바둑판 '田'('전':밭)자 모양 늘린 기하학적 문양이다.

*우리 고유 '순장' 바둑에서 경계가 드러난다.

'바둑'의 어원두고 나름대로 분석하면

'바'자는 '밧줄'의 '바'(維), '둑'자는 '밭둑'의 '둑'

밭일궈 '밧줄' 밭둑경계[1] 넓혀보란 뜻이다.

*1)농경 사회 형태 초기로 보임. 이때 이미 3백 60여 가지 생활 규범이 정해져 있었고, 집짓는 법, 농기구 만드는 법, 생활 용품까지 '천·인·지'에 바탕한 문화가 시작됐다고 보아진다. 고인돌도 천·인·지 3재 원리다. 윷놀이에 모밭이 있고, 산밭이 있고, 속밭이 있다. 또밭·개밭·글밭·윷밭이라 한다.

〈따로주·1.〉
3수의 성격에 따라 무한 수열이 성립한다. 한눈에 수열로 인식되지않을 때, 앞수에서 뒤수를 뺀 수를 살펴본다. 예를 들면 1에서 2…9시 방향의 수를 살펴보면, 첫째 2-1=1, 11-2=9, 28-11=17, 53-28=25, 86-53=33, 127-86=41, 176-127=49, 233-176=57을 얻는다. 즉 1·9·17·25·33·41·49·57이다. 이수는 1에서 다음수가 8씩 증가하는 무한 수열을 이룬다. 하나의 수가 8개의 손을 가지고있으나, 건너뛰기까지를 합하면 무수히 많다.
1)1·2 방향=**1**,9,17,25,33,41,49,57…
2)1·3 방향=**2**,10,18,26,34,42,50,58…
3)1·4 방향=3,11,19,27,35,43,51,59…
4)1·5 방향=**4**,12,20,28,36,44,52,60…
5)1·6 방향=5,13,21,29,37,45,53,61…
6)1·7 방향=6,14,22,30,38,46,54,62…
7)1·8 방향=7,15,23,31,39,47,55,63…
8)1·9 방향=**8**,16,24,32,40,48,56,**64**…1·9 방향 수열은 홀수인 1·3·5·7·9,…의 제곱수로 벌려있다.
9)2·4 방향=2,12,20,28,32,40,48,56…2·4 방향 수열도 역시 짝수인 2·4·6·8…의 제곱수로 벌려있다.

<따로주·2.>
'17줄바둑' 수에서 위의 '8줄바둑'이 생겨났다. 즉 8×8=64이다. 이8줄(도:로)을 易學의 태극(1)·음양(2)·4상(4)·8괘·16효·64괘(16×2=32+32=64) 복점의 복사로 보는 견해도 있다. 이것은 사이비로 수리를 논하는 것 아니다. 무엇을 무엇에다 갖다붙이고 ·꿰맞추는 꼴이다.

제4장 ─────시조로 푼 '三一神誥'

'三一神誥' 가름 · 1('壇紀古史' 序文) · 2('三一神誥')

'三一神誥' 제1훈:허 공[1)한웅님 말씀하시기를 '원보 팽우']
'三一神誥' 제2훈:一 神[1)신의 세계]
'三一神誥' 제3훈:天 宮[1)영혼의 세계]
'三一神誥' 제4훈:世 界[1)우주의 탄생 2)지구의 탄생]
'三一神誥' 제5훈:人 物[1)인간의 세계 2)수련의 세계 3)망상의 세계 4)성도의 세계]

'三一神誥'와 高王 大祚榮
'三一神誥'를 옮기면서 · 1(유래) · 2(뜻)

'三一神誥' 가름

<고전 참조>
1. '단기 고사'('壇紀古史') 序文

自奉勅以來 不遑憩息/往年 再入突厥 搜探古碑遺文/輪回各地 盡收石室藏書

2. '3·1 신고'('三一神誥')

<참 조>
제1훈 : 虛 空

1) 帝曰元輔虞彭

蒼蒼非天/玄玄非天/天無形質無端倪//無上下四方/虛虛空空/無不在 無不容

　<

'三一神誥' 제1훈 : 虛 空

1) 한웅님 말씀하시기를 '원보 팽우'*1)
저푸른 하늘은 하늘이 아니니라.
까마득 저허공도 허공이 아니니라.
모양도 바탕도 없고, 시작끝도 없느니.

위아래 4방 없어, 비어있을 뿐이나
어느 곳 있지않은 곳없이 두루두루
온갖 것, 그러안고있어 빠트림이 없느니.

<찬 왈／참 조>
理起一無／體包萬有／冲虛曠漠擬議得否／／正眼看來如啓窓牖／雖然群機／
疇能件耦

<찬 왈*>
이치란 그아무것 없는 데 일어나고
본체는 만물을 다 안고도 남는도다.
비어서 하넓고막막해 헤어볼 수 없도다.

<

늘 그리 봐온 대로 열어놓음 같도다.

그 비록 뭇기틀이 그렇고 그러해도

그 누가 가히 하늘 거슬러 경계 구별 하겠는가.

　　　*1)후일에 渤海國 高王(대조영) 찬.
　　　*'3·1 신고' 한문본은 '大東夷(169쪽.박문기 저. 정신 세계사.)에 따랐다.
　　　*http//cafe.daum.net/gamck(-아우라 명상원. 참고.).

〈참 조〉
제2훈 : 一　神

神在無上一位/有大德大慧大力生天/主無數世界//造甡甡物/織塵無漏/
昭昭靈靈不敢名量//聲氣願禱/絶親見/自性求子降在爾腦

'三一神誥' 제2훈 : 一　神

1)신의 세계

신은 늘 위가 없는 본자리 앉아있다.

큰덕과 큰지혜와 큰힘이 하늘이뤄

수없이 많고도 아득한 이세상을 다스린다.

이세상 하늘밭에 그많은 만물 빚었다.

모두 다 실눈만큼 흠없이 정교했다.
하밝고 신령스러워 감히 헬 수 없도다.

말씀과 기를 모아 소원을 빌어봐도
절대로 저신만은 만날 수 없을 거니.
스스로 이성을 구해봐, 네 마음속 웅크린.

<찬 왈/참 조>
至昭至靈/萬化之主/旣剛而健慧炤德溥//財成神機/如持規矩/離聲絶氣 不見眞府

<찬 왈>
지극히 맑고밝아 지극히 신령하다.
만물을 조화롭게 기르는 주인이다.
굳세고 늘 건강해서 지혜 밝은 덕넓다.

신성한 기틀로서 諸物을 지어내도
재본 듯 그림쇠 어긋남 없도다.
멀리해 소리 기끊어도 참곳집(眞府)을 못 본다.

<

〈참조〉
제3훈 : 天　　宮

天神國有天宮/階萬善門萬德/一神攸居//羣靈諸哲護侍/大吉祥/大光明處//惟性通功完者/朝/永得快樂

'三一神誥' 제3훈 : 天　　宮

1) 영혼의 세계
하느님(桓因:흔인) 나라에도 궁궐(天宮)은 있느니라.
슬기론 선한 문빛, 사랑 가득 쌓인 곳
거기에 늘 하느님이 머물면서 쉬느니.

뭇 神將 여러 賢哲 받들고 모시나니,
상서론 조짐들이 늘 환히 머무는 곳
밝고도 훤한 후광이 늘 빛나는 곳이니라.

오로지 본성 통달, 공쌓아 이룬 이만
동틀녘 환한 아침 하느님(桓因:흔인) 우러르며
한없는 기쁨과 즐거움을 길이길이 누리리. <

〈찬 왈/참 조〉
玉殿穹隆/寶光煜煜/惟善惟德//方陞方入至尊左右/百靈扈立/遊戱娛樂/檀雨[*2]霏霏

〈찬 왈〉
산처럼 우뚝우뚝 솟아른 옥빛궁전[*1]
빛이나 번쩍번쩍 휘황 찬란 저궁전
오로지 참된 사랑, 오직 마음 공덕뿐!

막 한창 솟고들면 지존의 양옆에는
수많은 신령들이 시중들며 늘어서서
유희를 만끽하면서 상서론 비[2] 흠뻑 젖느니…

[*1] 궁전 즉 天宮을 말하는 것으로, '3·1신고'의 '찬'을 쓴 발해 고왕(대조영)의 도력이 드러나는 대목이다. 사람은 영혼과 육체로 구성되어 있어, 영혼만을 분리해 돈 안들이고 우주를 여행한다고 율곤 이중재(1931~2011.) 선생은 말했고, 광명 만덕 스님과 자재 만현 스님 스스로 대적정 삼매를 통과해, 석가모니 부처를 친견하고, 법문도 듣고, 佛의 인가도 받았다고 한다('21세기 붓다의 메시지. 광명 만덕·자재 만현 공저. 2013. 2.21. 현직궁 현지사.).
[*2] 檀雨. 웅상목, 즉 박달나무에 상서로움을 일으키는 비.

제4훈 : 世　　界

〈참 조〉
1) 우주의 탄생

爾觀森列星辰/數無盡大小明暗/苦樂不同//一神造群世界使者/神勅日世使者/轄七百世界

'三一神誥' 제4훈 : 世　　界

1) 우주의 탄생

팽우야, 저총총한 별밭을 살펴봐라.
수없이 많은 별들 크작게 깜박인다.
괴롭고 즐거운 것들도 다 같지는 않느니.

하느님 천사들은 이승무리 다짓고
신은 또 해님덩일 이땅위 천살 시켜
나눈 후, 세상 7백 세계 거느리게 했느니.

<참 조>
2) 지구의 탄생

爾地自大/一丸世界/中火震盪//海幻陸遷/乃成見象//神呵氣包底/煦日色熱行翥化/游栽物繁殖

2) 지구의 탄생

151

팽우야, 네 이땅이 저절로 커보이냐.
세상은 한 알 환약, 작디작은 알만하다.
당초엔 허공중 불흙탕물 뒤범벅인 우주였다.

여기에 기(氣:물・소리・빛)*1)가 폭발 바다가 육지되고
육지는 무건 물질, 가변 건 한바다라
마침내 이뤄진 형상은 이세상의 星辰이다.

하느님 불어넣은 기운은 가득 쌓여
햇볕에 열빛쪼여 빛낡고 탈바꿈해.
유유히 물고긴 헤엄치고, 우거진 숲 무성했느니.

<찬 왈/참 조>
陶輪世界 星絡轇轕/依眞而起/如海噴沫//太陽線纏 七百回星相/群生芸芸/水激火擦

<찬 왈>
물레듯 도는 세계 별들도 말달리는 소리
참진리 의지해서 소리는 일어난다.
저바다 뿜어올리는 흰물거품 같이도.   <

태양계(萬有) 인력으로 7백 세계(七百星) 도나니,

각 두두 물물들도 떼지어 태어나고

'물끼리 부딪쳐 불나니,'*1) 물·불끼리 조화롭다.

*1)먹구름이 부딪쳐 번개가 일어남과 같은 현상.

제5훈 : 人　　物

<참 조>
1)인간의 세계

同受三眞/曰性命精/人全之物偏之//眞性無善惡上哲通/眞命無淸濁中哲知/眞精無厚薄下哲保//返眞一神

'三一神誥' 제5훈 : 人　　物

1)인간의 세계

사람과 만물들은 3진(三眞) 함께 받느니.

性·命·精 말하자면 이것이 3진(三眞)이다.

사람은 온전하지만 물물들은 기우느니.

본성은 선·악 구별 없어도 지혠 통해(상철)

153

참생명 청·탁 없이 맑음(중철)에 깨어나고
참정기 두텁고얇음없이 밝음(하철)으로 편해져.

따라서 누구라도 근본된 참하나로
3진(性·命·精)이 같이 돌면 神과도 하나 되니….
'안팎을 구별한 밖에서 그무엇을 구하리.'

〈참 조〉
2)수련의 세계

惟衆/迷地三妄着根/曰心氣身//心依性/有善惡/善福惡禍//氣依命/有淸濁/淸壽濁殀//身依精有厚薄/厚貴薄賤

2)수련의 세계

그렇다, 뭇사람들 태어날 그적부터
미혹한 처지에도 3망(三妄)을 뿌리내려
말로는 마음(心)과 더불어 물·빛·소리(氣)[*1)] 몸(身)이다.
　　*1)우주의 구성 요소.

마음은 가진 성품 의지한 까닭으로
착함과 악함으로 마침내 갈라져서

착함은 복이나 되지만 악한 거는 화되니라.

氣(물·빛·소리)라면 명령에만 따르는 까닭으로
티없이 맑고흐린 구별이 지워져서
맑으면 오래오래 살고 흐리면 일찍 죽느니.

몸이란 골고른편(섬세한) 의지한 까닭으로
짙음(두터움)도 있게 되고 엷음도 있었나니.
짙음(두텀)은 귀한 거지만 엷음이란 야한 것.

  *上哲:지혜.
  *中哲:맑음.
  *下哲:밝음.

〈참 조〉
3)망상의 세계
眞妄對作三途/曰感息觸/轉成十八境//感喜懼哀/怒貪厭/息芬爛寒熱震濕//觸聲色/臭味淫抵/….

3)망상의 세계
참됨과 망령됨이 맞서는 세 길 있어.
그길은 느낌이나 숨쉼도 맞부딪침도

서로들 굴러굴러선 18(十八) 경계 이룬다.

느낌엔 기쁨이나 두려운 슬픔있고
성냄과 탐냄으로 싫음도 있을지니.
숨쉼엔 맑·흐림·차가움과 더움·마름 젖음있다.

닿음엔 살갗(피부)이나 소린 귀 빛깔엔 눈
냄새엔 코가 있고, 혀살섞음 막힘(抵)뿐
위 여섯 감각 기관으로 만사물을 대하느니.

〈참 조〉
4)成道의 세계
衆善惡淸濁厚相雜/從境途任走/墮生長肖病歿苦//哲止感/調息禁觸/一意化行//返忘卽眞/發大神機/性通功完是

4)成道의 세계

중생은 선악·청탁·후박을 서로섞어
이여러 갈래길을 맘대로 달리다가
태어나 자라다늙어 아파죽는 건 괴로워. <

하지만 깨달은 자 괴로움을 잊는다.
골고루 숨을 쉬며 접촉은 조신한다.
오로지 한 뜻으로만 어우르고 행한다.

허망을 돌려치면 그즉시 참에 든다.
마침내 신령한 기틀을 발하느니.
본성을 통해 공덕이루니, 곧바른 거 이거로다.

<찬 왈/참 조>
自一而三眞妄分圖/會三之一迷吾(悟)判途/任化之間殃慶自呼//錯綜之理/惟神之符

<찬 왈>
하나 곧 셋이 되니, 참허망 구별되고
셋 모여 하나 되니, 미로(迷悟) 길 분별된다.
저대로 어우러지는 새, 재앙·경사 스스로다.

뒤섞인 여러 가지 헝클린 이치들은
그이칠 알아내어 깨닫기 위해서는
도통한 '神人'이라야 누릴 만한 신표니라. <

'三一神誥'와 高王 大祚榮

渤海國 大野勃이 저 天統 삼일(3·1:A.D.729.) 년에
다물한 壇君朝鮮, 箕子朝鮮 참말이다.
모조리 고구려 역사책은 전란통에 불났다.

곧이어 발해나라 일으킨 大祚榮은
고구려 역사책을 大野勃이 쓰게 하나,
불에 탄 나라안에서는 竹簡 하나 못건졌다.

대야발 突厥(터키) 가서 '渤海文' 고구려사
바윗글 채록해와 한자로 번역했다.
13년 노력끝에 이책 지어낼 수 있었다.

'칙서를 받은 이후 숨돌려 쉴틈없이
서둘러 古碑 遺文 땅 突厥로 찾아갔다.
가서는 헤매다니다 石室 藏書 거뒀다.'

'三一神誥'를 옮기면서

1. 유　　래

혼웅(桓雄:BC.3898.) 님 '天符印'을 서이(3)나 가지고는
天時와 人事地用 보살펴 주관하며
혼나라 '막고야'[*1] 이름 첨부르게 되었다.

어느 날 神誌(벼슬 이름) 赫德 불러서 이르기를
옛혼인(桓因:B.C. 8937.) 그옛적에 天帝가 전해줬던
'天符經' 여든한 자를 죽간에다 쓰였다.

또 한편 비석에도 새기라 일렀다.
'3·1신고' '원보 팽우' 가르쳐 전했다.
"'神'이란 '道' 여섯 번도 더 통한사람" 말한다.

　　　[*1]설화 소설 '大東夷·1' 167쪽. '혼웅님의 가르침'.(박문기 저. 단기4320(1987). 12.11. 정신 세
　　　계사.)

　　　　＜

2.뜻

'三一'은 '三神一體', 뜻으론 '三眞歸一'
理致를 나타내면, '神誥'는 '神'의 말씀
'신명한 글로 말씀한 것', 이것들을 이른다.

'道는 道', '禪은 禪', 개념은 서로 다르다.
학문을 바탕삼아 깨달아야 '道' '釋'이다.
참구와 염불로 깨우침은 '禪' '佛'이라 하였다.

훈국땅 曆의 시조, 인류 아비, 성씨 시조
훈인(桓因)은 아홉 번을 도통한 天神이다.
그래야 얻어지는 호가 '帝釋'이란 것이다.

第5장 ―――――――――――――――――― 中國은 '四夷枝葉也'

伽倻國의 도읍지 龜山・1~33
三韓 이야기・1(―3한의 뿌리)/1~13
三韓 이야기・2
三韓 이야기・3(―'韓鴈在海中' 都州南)
三韓 이야기・4(―3한이 九韓으로)
고려의 강역 江華
東京의 영고 성쇠 그리고 遼東[1(東京・1~5)・2(遼東・1~9)]
'山 海 經'
中國은 '四夷枝葉也' 순수한 漢族은 없다[1.(중국은 4夷의 가지이거나 잎・1~4)・2[중국인의 디엔에이(DNA)・1~17]・3(積石山은 天山・1~4)]
天山 즉 崑崙山 伊甸園
참고 자료/ '농은 閔安富 유집본' '天符經'(전서)

161

伽倻國 도읍지 龜山

1.

" '산해경'에 동남쪽 백30 리 구산(龜山) 있다."*1)

'龜山'이란 이름 두 자 중원 천지 열여덟(18개소) 곳*2)

그옛날 어느 고을이 龜山인지 알 수 없다.

  *1) '산해경' 권5 '中山十二經條'의 부분. '우 동남 1백 30리(又東南一百三十里). 왈구산(日龜山)…'.
  *2) ①산동성 신태현 서남 40리에 있으며, '구산'의 남쪽으로 인접하고 있는 곳은 사수현 경계이다. ②강소성 무진현 동남 70리. ③강소성 동산현 동쪽. ④절강성 순안현. ⑤안휘성 우태현. ⑥강서성 안복현 60리. ⑦절강성 정해현 남쪽. ⑧호북성 한양현 동북. ⑨호북성 양양 현 서남 5리. ⑩감숙성 천수현 동쪽 40리. ⑪사천성 부릉현 동쪽. ⑫운남성 사종현 서쪽 70리. ⑬운남성 노남현 동북 80리. ⑭광동성 낙창현 남쪽 반리. ⑮복건성 보전현 서쪽 20리. ⑯복건성 귀화현 동 북 20리. ⑰복건성 장낙현 북쪽. ⑱복건성 변남현 동쪽 지명은 산형 여구(山形如龜).
  *출처:①'중국 고금 지명 대사전' 1274쪽.(장려화 외. 상무 서관.) ②'중문 대사전' 1180쪽. ('중문 대사전' 편찬 위원회. 중국 문화 대학 출판부.).

2.

龜山에 관한 기록 중요한 뜻이 있다.

왜냐면 가야국이 도읍을 했으니까.
열여덟(18) 龜山 지명을 따져봐야 알 것같다.

3.

龜山을 이리저리 새끼쳐 놓은 것은
워낙에 동이 역사 유명한 땅이라서
조선의 실체를 가리려는 중원 의도 깔렸다.

4.

만약에 龜山 지명 밝히면 가야 밝혀져
가야가 밝혀지면 구려·백제·신라도
東夷의 3한(韓)과 고조선땅 몽땅몽땅 밝혀진다.

5.

역사책 날조 위해 조선그림 바꿔치기
진실은 그 어느 때 누구에 의해라도
반드시 밝혀지는 거 그것 또한 진리다.

6.

우리의 '漢韓大字典' '구산'[*1](龜山) 항 살펴보면

"山東省 스수이현(泗水縣) 동북쪽 산이름"

또 한편 '푸젠성(福健省) 산이름'이라 또박또박 적혔다.

> *1)宋 나라의 楊 時가 퇴관한 뒤 隱居한 곳. ('漢韓大字典'. 민중 서림 편집국 편. 1434쪽. 민중 서림 발행. 1966. 10.10.초판.)

7.

律坤의 '새가야사'*1) 연구를 살펴보면

열여덟(18) 구산(龜山)땅 중 가야국 도읍지가

浙江省 땅에 있다 밝힌 점 퍽 다행한 일이다.

> *1)이중재(1931.~2011.). 사단 법인 상고사 학회 초대 회장. '새伽倻史'와 '三國列傳'.(65~75쪽.-명문당.).

8.

저 '중국 고금 지명 대사전' 살펴보면

땅이름 漢字로는 고려말 충숙왕 때

흔국땅 훌쩍 건너뛰어와 고을이름 첨 지었다.

9.

金海府 땅이름을 잘 짚어 살펴보면

'臨海郡' '金海府'라 '3국 유사' 써놨다.

분명히 이나라 '김해'엔 없었던 땅 지명이다. <

10.

臺灣을 마주하는 그땅은 福健省 땅

위쪽은 浙江省에 上海 아랜 '구산'땅

앞바다 동해*¹⁾(東海) 깊숙한 가야서울 '김해'다.

  *1)지금의 황해가 그옛날엔 중원땅의 동해였다.

11.

땅이름 확 뒤짚어 한자로 바꾼 임금

신라 적 35대 景德王(AD.739.~761.) 또 있다.

30대 文武王(AD.658.~677.) 시절 '良州*¹⁾이름 梁州*²⁾랬다.'

  *1)지금 중국 河南省 南陽縣이다.
  *2)'삼국 사기' 제34권 지리지 1편. 현재 韓國의 梁山이 아님.

12.

가야땅 '金海小京' 옛날엔 金冠國이다.

금관쓴 伽落國은 또 한편 '加耶 나라'

경덕왕 '김해 소경'을 '김해경'(金海京)이라 불렀다.

13.

'金海京' 현재로는 金州*¹⁾라 적혀있다.

'중국 고금 지명 대사전' '금주'는 西魏 지명
隋나라 그때는 西城郡, 곧 '金州'라 고쳤다.

   *1)'중국 고금 지명 대사전' 541쪽 참조.

14.

宋 나라 지배때는 安康郡 됐다가
서쪽 城 역할하다 현 陝西 安康縣
元 때는 다시 '金州'로 고쳐 西城縣에 붙였다.

15.

明 나라 또 고쳐서 興安州 삼았도다.
淸 때는 興安府로, 唐 '金州衛' 현 '金縣'(奉天).
金 때는 甘肅省 楡中縣에 편입됐던 '김해'다.

   *이상 13·14:'중국 고금 지명 대사전' 541쪽 참고.

16.

앞에서 본 바대로 각나라 각 땅이름
다르게 불려오다 없어진 적도 있다.
景德王(신라 35대) 시절에 와선 '金海小京' '金州'랬다.

          <

17.

지금은 陝西城의 安康縣이 '금주'다.

金海府 '삼국 유사' 찾아서 뒤져보면

浙江省 臨海郡이라 기록된 거 알 수 있다.

18.

위에서 보는 대로 一然의 '삼국 유사'는

중원땅 고려사람[1] 손수쓴 진짜 史書

지명에 대해서만은 의문 여지 전혀없다.

    [1]고려 충렬왕 때의 명승 보각 국사 一然이 저술한 사서. 원판이 전하지않는다.

19.

중원땅 혼민족 중 맨먼저 망해버린

그나라 '가야' 나라, 그유민 흘러와서

또 세운 '망향 제단이 가야'라고 보면 옳다.

20.

가야는 물론이고, 신라 · 백제 · 고려까지

그상층 유민 부류 한반도 흘러와서

세워논 '망향 제단' 이제와선 알겠다. <

21.

고려적 제16대 예종 6월 일이다.

예종의 명령 불복 그많은 반역자들

귀양을 보내던 길에 많이들도 죽었다.

22.

부여의 잘난 公燧 巨濟縣*¹⁾ 귀양가고

공수의 아들놈은 진례현 보냈다.

이이름 거제현·진례현은 귀에 익은 지명이다.

    *1):여기서 거제현은 현 한국의 거제도를 말한다.

23.

이대목 참 주목할 가치론 고려 기록

고려가 중원 서안 도읍해 있으면서

한반도 거제도까지 귀양보낸 일이다.

    *고려말 포은 정몽주도 울주군 언양 적소로 유배된 바 있다.

24.

옛적엔 현 일본의 九州라도 주나라땅

노예를 보내놓고, '倭奴'라 불렀다.

역사상 강제 유배지 최초 기록[1] 구주다.

> [1] "새 高麗史" 598쪽(이중재 저. 명문당'. '90. 2.22.).

25.
고종조 24년 봄 이땅의 전라도에
행정과 군사·정치 총감독 지휘하는
指揮使 金慶孫 장군[1]을 파견해 다스렸다.

> [1] "새 高麗史" 802쪽 11행(이중재 저. 명문당. '09. 2.22.).

26.
경손이 그도적의 무리들 모아놓고
말했다, '비록 지금 너희들 도적이래도
똑 같은 고려국 백성들…' 이리이리 말했다.

27.
짚신을 질질 끌며 촌노인 30여 명
귀바퀴 기울이며 앞다퉈 모여들고
애비벌 늙은 노인들도 눈물짜며 모였다.

<

28.

'爾州인 御鄕으로 따라갈 순 없습니까?'
'이주'는 고려 상감 고향에 영감들 고향
노인들 원고향은 '사천성 무현'이기 때문이다.

29.

고려땅 유민임을 한입에 알 수 있다.
본래는 사천성이 백제땅 됐지만도
훗날엔 그백제가 망할 때 이땅으로 몰려왔다.

30.

'다른 군 제땅에서 항복한 도적들은
爾州엔 죽더라도 따라갈 수 없다.'하자
애비벌 촌로인 그들은 엎드려서 울었다.

31.

어향은 태조 왕건 고향을 두고 한 말
사천성 무현땅은 지금 전라 백성들의
선조들 고향이란 사실, 입증해서 뵌 거다. <

32.

기원 후 육륙공(660) 년 백제는 망했니라.
백제가 망한 이후 호남에 대거 이동
군신과 왕족들 다함께 이땅왔단 얘기다.

33.

백제의 망국한을 노래로 부르다가
전해져 내려오는 그노래 '산유화'다.
고려의 한맺힌 유민들도 이땅 유입 알겠다.

三韓 이야기·1
───3한의 뿌리

1.

3한(三澣)은 馬韓·辰韓·弁韓을 말한다.
3한이 중원 처음 싹튼 건 '韓'나라다.
기원 전 2,224년 '夏'나라 때 '韓氏' 싹.

2.

이름은 韓嗤頭 씨, 河北 高安 동남쪽에
'韓'이란 나라 세워 제후국 출발했다.
夏禹인 大禹(B.C. 3,305.~2,198.)의 건국 열아홉 해 전이다.

3.

河北省 高安縣의 동남쪽 '韓國' 나라
그 남쪽 고구려의 조상 나라 고리국(藁離國)
지도상 두 나라 있던 곳 불과 수 킬로 안팎이다.   <

4.

韓國은 둘둘이사(B.C. 2,224.)에, 藁離國 이륙공(B.C. 260.) 년

훈보다 고리국은 2천 년쯤 뒤의 나라

그래도 흘러온 핏줄은 같은 확률 많겠다.

5.

韓 나라 平壤(지금의 西安)땅에 도읍해 있으면서

周 나라 함께하나 周 나란 망한 뒤에

그후로 河南省 禹縣에서 新鄭縣으로 옮겼다.

6.

'韓'에서 3한으로 나타난 건 '漢'나라 때

첫번쩬 馬韓에다, 둘쨴 辰韓, 셋쨴 弁韓

이모두 일흔여덟(78) 나라 한반도엔 없었다.

7.

馬韓은 중원 서쪽에 있었던 쉰네(54) 나라

그북은 樂浪 땅이, 남으론 倭* 나라땅

辰韓은 동녘을 차지한 열두 부족(12개) 나라다.

*일본이 아님. 신라 초기 때 왜는 호남성 남쪽에 있었으나, 魏가 망하자 사람들은 도처에서 노략질과 도적질을 일삼다보니, 왜적이 된 거다. 후에 남부 夷州(대만)로 옮겼다.<

8.

그북은 濊貊 나라 길쭉히 자리하고
弁韓은 辰韓 나라 남쪽녘 열두(12) 나라
伯濟(百濟)는 그중 아주 작은 한 나라에 불과했다.

9.

큰나란 1만여 호, 작은 나란 수천 가호
각 산과 바다끼고, 강역 둘렌 4천여 리
동서로 넓은 바다가 한도없이 펼쳤다.

10.

옛날엔 3한 모두 辰 나라 중심이다.
馬韓이 가장 크고 넓었지만 아니다.
辰 나란 중심의 나라, 진왕을 섬겼다.

*이때부터 3한 관제 제도가 시행되고, 변한과 마한엔 부왕을 두고 진한이 다스렸다.

11.

도읍한 나라라도 옆가지 싹나라다.
그왕국 모두라도 3한의 땅이었다.
濊貊이 한반도 어디에 붙어있던 나라던가.   <

〈참고〉
'後漢書'에 나타난 韓

韓在三種, 一白馬韓, 二白辰韓, 三白弁韓, 馬韓在西, 有五十西國, 其北樂浪, 南與倭接, 辰韓在東, 十有二國, 其北與濊貊接, 弁韓在辰韓之南, 赤十二國, 其南赤與倭國, 凡七十八國, 伯濟是其一國焉, 大者萬餘尺, 小者有數千家, 各在山海間, 地方四千餘里, 東西以海爲限, 皆古之辰國也, 馬韓最大, 共立其種爲辰國, 都以支國, 盡王三韓之地.

12.

'梁書'나 '3국 유사' 다같은 맥락이다.
3韓의 강역 둘레 4방이 4천 리다.
中原 땅 만주 지역만 빼고 남은 땅은 3韓이다.

13.

3천 리 한반도땅 이 좁은 곳 어디메에
그많은 일흔여덟(78) 나라 흔적 숨었을까.
대륙은 조선 역사 중심, 3韓 땅이 宗主國.

三韓 이야기 · 2

'한국 · 지나 · 일본은 3韓의 훈 역사를
까맣게 모르면서 날조를 하고있다.
韓國에 있던 나라들로
쉬쉬 감추곤
살고있다.
3韓은
상고사와
중고사 허리부분,
周 나라 태어날 때 결정적 역할한다.'
그래서 장고허리처럼 소리들이 공명한다.

上古代 흔인(桓因) 씨에
흔웅(桓雄) 씰 거치면서
역사맥

면면히도

이어져 가고있다.

伏羲氏 神農 軒轅氏를

거치면서 뿌리내려….

그후론 少昊金天氏

고양 씨·조신(고신) 씨

제요·제순

다음으로

하우 씨를 지나서

중고대, 周(武王) 나라에서

三韓先祖 벋는다.

*'고조선과 일본의 역사' 91쪽. 이중재 저. 2005. 1.30. 명문당.

三韓 이야기·3
—— '韓鴈(雁)在海中'[*1)] 都州南

'韓雁은 바다 중에 있'는 게 아니로다.
'나라땅 가운데다,'[*2)] 都州 남쪽 땅이다.
都州 땅 어디 있는가, 밝혀보면 알겠다.

郝懿行 '韓雁은야 三韓의 옛이름이다.'
'魏志' 속 '동이전'에 '韓' 3종 있다.' 기록
'馬韓이 첫째고 둘짼 弁韓, 셋째 번은 辰韓이다.'

韓雁은 오늘날의 북경 남녘 있었다.
周 말기 山西省의 洛陽 땅 있을 때
그시절 나라니만큼 서북옆엔 韓 나라다.

*1) '산해경' -권13 '해내 동경' 韓雁 조.
*2) '韓雁은 바다 중에 있고'라고 함은 잘못이다. '나라가운데다'라고 해석하는 것이 옳은 해석이다.

三韓 이야기 · 4
──三韓이 九韓으로

周 나라 망한 후엔 韓 나라 三韓된다.
중원땅 갈라져서 대륙 중앙 지역의
그넓은 강역을 무대로 활개치며 활동한다.

三韓이 그후 9韓*1), 갈라진 韓國 나라
기록상 '3국 유사' 깜짝깜짝 놀랄 일
여기서 역사의 맥락 바로짚어 내야한다.

얼빠진 '대학 교단 사학자' 학질 걸려
객고를 물려야지, 물거리 한바가지
날선 칼, 탁탁 잡탕까지 치며 '대가리를 내놔라'!

집안에 있던 족보 살피지도 못한 채로
잡귀신 불러들여 분탕질 오래쳤다.

기른 개 멍석말이해 팔 듯 패야 정신 차릴다.

어헛새! 망령 들린 귀신은 듣거라야!
칼날로 머리칼을 자르며 호통치며
여기는 '니' 붙을 곳 아냐, 썩 물러들 가렸다.

퍼런 칼 삽짓걸로 휙 던져 하늘 향해
물거리 잡탕사발 확 뿌려 어엇새가라!
칼날끝 '十'자 쓱쓱 그린 뒤 콱 꽂곤 바가지다.

九韓은 모두모두 고조선 한땅 자손
나라명 다르다며 宗家도 몰라본다.
아무리 세월 바뀌어도 조상 외면 무례다.

　　*1)①日本. ②中華. ③吳越. ④屯羅. ⑤鷹遊. ⑥靺鞨. ⑦丹國. ⑧女眞. ⑨濊貊.

고려의 강역 江華

고려 고종 24년 8월의 戊子日(쥐날)에
前王인 熙宗 죽어 '法天精舍' 빈소마련
겨울인 10월 丁酉日, '樂眞宮'서 상치렀다.

陵 이름 '큰임금묘' 碩陵이라 불렀다.
시호는 誠孝이며, 廟堂 명 '貞宗'이다.
貞宗은 熙宗을 말하며, 21대 麗王이다.

훗날엔 21대 熙宗이라 새겼다.
'碩陵'은 江華 땅의 外城에 마련됐다.'
여기서 중요한 문제는 '江華'라는 지명이다.

仁川市 강화도는 '江華島'지 '江華' 아냐.
'江華'가 아니라는 이점이 분명해야

'江華'가 '江華島'완 다르단 걸 알 수 있다.

오늘날 한국땅의 인천 광역 강화도엔
熙宗의 '碩陵'이란 왕릉은 아예없다.
碩陵이 있다면 그건 '짜가', 爲先事에 불과하다.

江華는 현 중국땅 대륙에 있는 江華
강화는 湖南城의 江華縣^{*1)} 동남이다.
이곳은 永州府면서 '마카오' 위 내륙이다.

    *1)'중국 고금 지명 대사전' 328쪽(장려화 등 편. 상무인 서관 발행.).

湖南省 江陵州의 江陵縣 江華塘과
江華縣 이들 모아 형성한 곳이로다.
고려가 뭐 '마카오 위'(?), 놀라지 마! 간떨어진다.

碩陵뿐 아니라도 君臣들 유적 유물
강화도 출토라면 후세의 짓들이다.
누군가 여기다 옮겼거나 다시 지은 걸 거다.

  <

그예로 彦陽金氏 시조인 威烈公이
金就礪[*1)], 그묘소가 언양읍(송대리 '능골')에 있지만
또 한 곳 강화도에도 있다, 爲先事의 한 예다.

*1) '졸년'은 '고려사 절요'에 의하면 고종 21년 夏 5월이다.

강화엔 고려왕의 임시 행궁 하나가
'昇天府 客館'이라 이름해 지어져서
世祖와 태조(왕건) 릉까지도 이장한 거라 기록됐다.

한국의 인천 직할 강화도 고려땅엔
임시로 지은 궁전 진짜릉 없는 거다.
있다면 누군가가 거기 가짜릉을 만든 거다.

東京의 영고 성쇠 그리고 遼東

1. 東　京

1-1.
漢 나라 무제 왕망 朝鮮*¹⁾을 밟고서서
서울을 둔 곳 玄菟, 지금의 西安(시안)이다.
西安은 위도 85도(85°:積石山) 기준 때엔 東京이다.

1-2.
이서안 위도 1백 10도(110°) 땐 西京이다.
이때의 서울 동경 지금의 洛陽이다.
위도가 1백 20도(120°) 기준 땐 北京이 東京.

1-3.
또다시 옮긴 때는 옛 奉天 東京이다.
이렇듯 지명 바뀌자 瀋陽이 東京됐다.

明 때의 중원땅 東京은 日本으로 건너갔다.

1-4.
'日本의 東京' 이름, 던 못물릴 바다끝!
역사적 마루등은 백척 간두 올랐다.
조선의 품안에서 자라 조선 앗은 죄크다.

1-5.
일본은 '군국 주의' 허깨비 허울벗고
'사꾸라 병아리'로 다시금 깨야한다.
鳥夷*²⁾의 뿌리를 알면 길 훤히 볼 것이다.

*1)朝鮮:한반도가 아님. 중원 대륙, 동남아 도서 전부.
*2)鳥夷:4이에서 갈라져나간 부족의 하나로, 섬으로 쫓겨났음으로 島夷, 멀리까지 날아 갔음으로 鳥夷(飛夷)라하고, '鳥'자와 '島'자가 비슷함으로 혼용해 쓰기도 한다. 鳥夷는 소호 금천씨의 후예다. 우리나라 김해 김씨 김해 허씨도 소호 금천씨의 후예다. 경남 김해시 '수로왕 신도 비문'에도 나타나 있다.

2. 遼 東

2-1.
선조들 중원삶땐 遼東을 위시해서
대륙의 남부끝과 西域 天山 물론이고

遼東 즉 지나(대륙) 지역 모두는 三韓 천제 땅이다.

2-2.
春秋戰國 그 이전, 저 天山은 곤륜산(80°)
80도(위도) 기준해서 서는 遼西, 동은 遼東.
지구공 한중심으로 생각했기 때문이다.

2-3.
戰國 때 접어들어 개념은 바뀌었다.
그적엔 중국 西安(110°) 기준해 1백 10도
南北을 기준해서 갈라 西는 遼西 東 녘 遼東.

2-4.
그러한 여늬때인 일구일공(1910) 그적엔
지금의 北京 동쪽 난하(120°)를 기준했다.
대륙쪽 遼西 땅에서 滿洲 遼東 땅 못박았다.

2-5.
못박은 식민 사관 조장키 위해서라,
고의적 요서 요동 설정해 들먹였다.

이것이 역사 왜곡 시초 그동기가 되었다.

2-6.
옛조선 지명 역사 날조해 보이듯이
만주땅 지명 역사 날조돼 있었다.
이런 걸 알지도 못한 위정자에 그백성.

2-7.
우쭐댄 친일파들 득세해 끝끝내내
한민족 역사바꿔 말살한 그나머지
신음속 고통갈피 못잡곤 이리저리 헤맸다.

2-8.
좀 전엔 '동북 공정' 떠들썩도 하더니,
요사인 '씨족 공정' '요동 공정' 내세웠다.
훈민족 씨족·문화를 끊으려는 의도다.

2-9.
찌든 얼 사대 모화 과거사 한양 조선

지금도 우릴 덮쳐 종속시킨 인해 전술
역사상 진실덮쳐밝힌 것, 그것만이 상책이다.

'山 海 經'

저 황제(B.C. 2679.) 그때부터 하우씨(B.C. 2224.) 세상까지
天山을 중심 7대[*1)] 제왕 간 걸친 기록
산에서 들로 내려온 動·植·鑛物 全部族史.

그당시 지구위엔 국경이 없을 때다.
'海內는 서북쪽서 동녘땅 예까지다.'[*2)]
유럽과 러시어 연방도 天子(東夷) 나라 제후국.

'산해경' 7대 역사 기록을 세웠지만
상상고 군데 군데 그기록 돋보인다.
복희씨 그때부터 기록한 역사서는 아닌가.

夏禹氏 시절까지 32권 정리했다.
東晋 효무 황제[*3)] 때엔 郭 璞이 18권 엮어

압축한 지은이 못밝혀 郭璞 이름 새겼다.

겉으론 '산해경'이 보기따라 그렇다.
원숭이 동물 농장 새·물고기·식물 공원
도깨비 소굴같아서 신화로만 치부됐다.

그것도 아름답고 긴 東夷 역사서를
단순한 신화 은폐 날조해 꾸며놓다.
중국의 대학자들도 두려운 게 이점이다.

*1) 黃帝(B.C. 2679.)·少昊金天氏(신라 시조. B.C. 2578.)·顓頊高陽氏(B.C. 2491.)·帝嚳高辛氏(고구려 시조. B.C. 2482.)·陶唐氏(堯任儉 B.C. 2357.)·有虞氏(순임검.B.C. 2284.)·夏禹氏(B.C. 2424.).

*2) '山海經' 권12 '海內北經' 1항 전문 '海內西北陬以東者', 그대륙은 지금 한반도의 40배에 달하는 넓이다.

*3) A.D. 372.~376.

中國은 '四夷枝葉也' 순수한 漢族은 없다

1. 중국은 4夷의 가지이거나 잎

1-1.
'通志'나 '通典'에는 중국 민족 아예 없다.
모두가 東夷 9族 4夷에 해당한다.
오늘날 중국 根幹은 4夷 지엽 그거다.

1-2.
'通志'엔 4夷 내용 1편서 7편까지.
4夷 1편 19나라 기록돼 나타난다.
이밖의 85나라들도 모두 4夷 줄기다.

1-3.
중국인 구려·신라·백제·倭의 후손들.

이 모든 나라뿌리 조상은 훈인(桓因:仁) 천제.

그후손 훈웅(桓雄氏)·염제·신농씨(炎帝神農氏) 黃帝로 이어진다.

    *'資治通鑑'. '唐書篇' 195권. '唐紀' 11권. '四夷中國根乾也'. '四夷枝葉也'. 또 '資治通鑑'
    193권. '唐紀' 9권. '中國如根本四夷'라고 했다.
    *四夷 1편:①東夷 ②朝鮮 ③濊 ④馬韓 ⑤辰韓 ⑥弁韓 ⑦百濟 ⑧新羅 ⑨倭 ⑩扶餘 ⑪
    高句麗 ⑫東沃沮(북부여) ⑬邑婁 ⑭勿吉(靺鞨) ⑮扶桑(女國) ⑯文身(大漢) ⑰流求 ⑱▷
    ⑲圖奧.

1-4.

"중국의 '4서 3경' '25사' 3황 5제,

禹·湯·文, 武·周公 등 임금·공자·진시황,

이9한(桓·韓·黎)*¹⁾ 동이겨레 후손 절대 漢族 아니야.'*²⁾

    *1)예기:①畎夷②于夷③方夷④黃夷⑤白夷⑥赤夷⑦玄夷⑧風夷⑨陽夷.
    *2)'겨레 역사 6천 년'. 4쪽 10~13행(안효상 저. 기린원 총서 56.).
    *'삼국지':①부여②고구려③동옥저④읍루⑤예⑥마한⑦진한⑧변한⑨왜인.

2.중국인의 디엔에이(DNA)

2-1.

하나의 민족인데, 전세계 인류에서

13억, 19할에 들 수가 있는 걸까?

이러한 의문을 가진 학자들도 있었다.   <

2-2.

蘭州^{*1)}大 생명 과학 학원의 謝小東 씨

回族인 謝 교수는 漢族과 서북 민족

유전자(*DNA*) 몇 년 동안 걸쳐 조사했다, 놀랍다.

*1)현중국 감숙성(甘肅省) 난주시(蘭州市)로, 신라 6촌의 하나인 '금산가리촌' 금성(金城)이다.

〈신라 6촌 위치도〉

[그림1] 육촌六村

*'新羅 뿌리 역사'('신라는 한반도에 없었다'). 26쪽. 사단 법인 상고사 학회 제11차 학술 회의(2007. 4.17.).

2-3.

중국의 서북 지역 소수 민족 기원설과
이동의 경위로를 파악해 내는 연구,
그결과 실제 漢族은 동일 민족 아녔다.

2-4.

漢族은 순수 혈통 존재치도 않았다.
중 언론 2006년 2월 13일 교수글
그연구 자세한 결과 보도한 바 있도다.

2-5.

'예부터 漢族들은 中原 땅 살았던 족
늘 그런 민족이라 여겼지만' 아니다.
謝 교수 사실과 다르단 걸 입증해서 보였다.

2-6.

'어느 한 시기에는 漢族이 주변국과
또 다른 민족 구별 위해서 지방별로
확정한 것일 뿐'[1]이란 증명을 해 밝혔다.

　　*1)謝小東 교수의 논문 요지의 말.　　　<

2-7.

흥미론 사실로는 모두가 '炎黃子孫'*2)

그렇게 알고있던 漢族이다, 연구끝엔

炎帝와 黃帝 발원지는 중원 아닌 '北狄'*3) 땅.

    *2)炎帝와 黃帝의 자손.
    *3)북쪽 오랑캐.

2-8.

저 黃帝 발원지는 오늘날 甘肅省이다.

沁陽 쪽 天水까지 이르는 지역이다.

炎帝는 黃土高原*4) 지역, 원래는야 '北狄'이다.

    *4)발원지는 감숙성 동부에서 陝西省 서부에 걸쳐있는 황토언덕.

2-9.

중원땅 역사상에 나타난 중원너빈

山西省 남부쪽과 江蘇省 서부에다,

安徽省 서북부 포함, 河南省도 전부다.

2-10.

따라서 이지역에 삶사는 사람 바로

中原 땅 사람이라 생각돼 왔지만
이역시 사실관 생판다른 거짓으로 밝혀졌다.

2-11.
'연구한 결과로는 客家族 소수 민족
오히려 고대나라 전통인 중원 문화
똑바로 계승한 것이 드러났다',*5) 진면목.
   *5)謝小東 교수 논문 요지말.

2-12.
'순수한 중국 漢族 존재치 않는 것은
오랜날 주변 소수 민족이 내려오며
나라가 漢族과 어울린 결과'*6)라고 논했다.
   *6)謝小東 교수 논문 요지말.

2-13.
漢族들 비교 비율 중원땅 92할
대만땅 98할, 홍콩땅 95할
마카오 97할로 제각각씩 나타났다.

     <

2-14.
54 소수 민족 섞어찐 다민족밥
여러 족 나라라도 13억 92할
통계상 漢族이란 공식 발표마다 거짓이다.

2-15.
연구 팀 한 관계잔 '漢族이 통치했던
宋·明이 중화 인민 공화국 건국 이후
세 차례 인구 조사 내용, 모두모두 까밝혔다.

2-16.
'5백 편 이르도록 고문헌·족보 참조.'
동시에 '수백만 명 중국인 피도 뽑아'
'조사한 분석 결과로 위와 같이 결론냈다.'

2-17.
학자들 이런 유전 연구 결과 뽑아내어
사학자 지질 받자 힘 더욱 얻고있다.
어느 때 왜곡한 역사는 누군가 꼭 밝힌다.

·*본문 2-1~2-12는 북경 주재 '동아 일보' 특파원 하종대의 '07. 2.16.자 보도를 참고함. (orionha@donga.com).
*본문 2-13~2-17은 '주간 동아' 소준섭 상하이 통신원 보도를 참고함(youngji@81890.net).

3.積石山은 天山

3-1.

積石山*1) 석문있고, 만물없는 게 다 있다.

河水는 기를 쓰며 서으로만 흐른다.

고대엔 積石山 위도를 85도(85°)로 삼았다.

*1)'山海經' 권2 '西山經'에 '積石山 조'에 '이산에는 만물이 없는 것이 없다.'고 했고, 지금의 甘肅省 臨夏縣이라 했다. 본래 積石山이던 大積石山은 新疆省 吐谷渾 경계에 있었음을 말해주고있다('중국 고금 지명 대사전'. 1232쪽. '적석산 조').

3-2.

積石山 기준해서 遼西·遼東 나눴다.

遼東에 살아왔던 민족을 東夷라 했다.

지금의 西安은 그당시 서울이던 東京이다.

3-3.

新疆省 甘肅省 및 靑海省 西藏省과

이동쪽 모두모두 東夷라 불러댔다.
비단길 '실크로드'도 고향이라 불렀다.

3-4.
그당시 新羅 땅이 '한반도'면 무슨 수로
바다와 육지나라 국경을 비집고서
사막을 가로질러서 비단 교역 했을까?

天山 즉 崑崙山 伊甸園

'이덴'*1)인 和田 땅은 상고대 적 伊甸園.
유럽은 '에덴 동산' 그런 말 하며 쓴다.
'성경'엔 '에덴 동산이 동방 쪽'*2)이라 쓰였다.

고대엔 중국 나라 실제 이름 없었다.
積石山*3)(위도 85°) 기준해서 동이족 역사뿐
동이맥 동이핏줄타고 壇君들이 이었다.

'산해경' 黃帝宮*4)과 사당도 나와있다.
穆王과 西王母도 궁맞춰 정교놀이
鍾山을 '곤륜산'이라 황제부터 불렀다.

天山을 白山이라 4계절 불러왔다.
늘 흰눈 덮여있어 붙여진 이름이다.

印·中의 접경 지대로 상고 적엔 天山이다.

곤륜산 위쪽으론 초록들 펼쳐졌다.
산에는 아름단 풀 이상한 새와 나무,
옥보물 예쁘디예쁘고 짐승들도 많았다.

朴堤上 지어갊은 '符都誌'('징심록') 이르기를
天山의 麻姑城엔 地乳[*5)]가 솟구치고
盤古[*6)]가 나라세운 곳이라 자상히도 밝혔다('부도지' 5장 29쪽.).

*1) 이덴 : '이전원'의 현재 중국 지명 발음.
*2) '에덴 동산이 동방에 있다' : '구약 전서' 창세기 2장 8절.
*3) 積石山 : '산해경' '해내 북경' 제12권과 '대황경' 제70권.
*4) '黃帝宮' : '穆天子傳' 그외 사서에도 볼 수 있다.
*5) 地乳 : 마고성엔 유천(젖샘)이 있어 지유(석회석이 녹아 내린물.)가 솟아남.
*6) 盤古 : 혼인 천제(桓因天帝).

〈후 기〉

'하늘문' 연 조상의 '인류 개천 선언문'
―― '天符經'과 '三一神誥'는 훈민족 경전이자 인류 사상의 元祖

1. 序

　'천부경'과 '3·1 신고'는 훈민족의 국조인 반고 한인씨(盤古桓因氏:桓仁:安巴堅)가 대륙의 天山 자락 돈황에서 上元甲子(B.C.8973.) 10월(上月) 3일 나라(神市)를 세우고, 비로소 '하늘문' 연 '인류 개천 선언문'이다. 이지구 상에서 가장 이상적인 나라를 세우고자한 '국시'라 할 수 있다.
　천당도 극락도 아닌 '在世', 이세상에 있어서 '理化', 천리와 수리에 부합하는 나라를 세워, '弘益人間', 사람으로 하여금 이로움을 널리 펴고자 했다. 인류 보편의 평화를 위한 인문 주의 선언이다.
　盤古桓因氏는 훈민족의 조상일 뿐아니라 온인류의 조상, 인류 문화의 뿌리다. 올해(계사)로 만 9백 50년(10950)이 되는 해다. 이사실을 누가 믿어줄 것이며, '관료땅꾼'들이 땅에서 파낸, 방사선 탄소 측정법으로 연대가 확실한 국보급 보물도 아닌 바에야.
　또 상고대 역사(국사)의 발원지가 한반도에서 2만 리나 떨어져있는 중원땅

203

서녘끝 곤륜산(천산)자락이라면 더더욱 믿어지지않는다고 할 것이다. 그리고 또 하나 광복 이후로 학교에서 배운 국사가 항일기 사관에 입각해 '조선 총독부'가 만든 소위 '조선사 35권'이다. 이것밖에 모르는 사람에게 중원땅이, 고조선은 물론 3한・고구려・신라・백제 심지어 불과 6백 년 전 고려까지도 한반도에서 도읍하고망한 사실이 없다고 하면 기절 초풍할 일 아니겠는가.

한반도에서 전쟁이라고는 임진 왜란밖에 없었다. '3국 사기' '3국 유사' 등에서 말하는 전쟁은 모두다 중원땅에서 치렀다. 때문에 '3국 사기' '3국 유사'는 고려가 천자국으로 '西安'에 도읍하고있을 때 쓰여진 것임으로, 지명은 한반도 내 있는 지명이 아님은 확실하다. 그렇다면, '머리가 골뱅이 돈 놈'이라고 할 것이다.

어찌했거나 한반도는 신라・백제・고려의 강역이었다. 나라가 망한 가야・백제・신라의 왕족과 귀족 유민이 대거 한반도로 유입되어, 망향의 제단이 너무 오래된 것뿐이다.

그 가까운 예를 들면 '고려사 절요'에 의하면 고려 23대 고종조에, 24년 봄 한반도인 전라도 指揮使(군사・정치 행정을 총감독 지휘하는 판견사인 관리.)에 金慶孫을 보냈다.

그때 전라도땅 늙은 노인들 30여 명과의 대화에서, 애비뻘되는 노인들이 눈물을 흘리면서 고하는 말이 '爾州인 御鄕으로 따라갈 수 없읍니까?'라고 했다.

爾州는 현재 한국땅 전라도에 와있는 노인들의 고향이 바로 爾州였기 때문이다. 이주는 현 중국 대륙의 四川省 茂縣*1)이다.

'어향'이란 상감(고려 태조 왕건)의 고향이면서 전라도 촌로인들의 고향이 사천성 무현이라는 사실이다. 이얼마나 놀라운 사실인가. 한마디로 고려땅에서 온 유민임을 알 수가 있다.

사천성은 본시 신라·백제의 땅이었다. 백제가 기원 후 660년에 망한 후 한반도로 대거 왕족과 군신들이 이주해왔다는 증거다.

오늘날 조선조(한양 조선) 바로위 고려조까지 한반도에 도읍한 사실이 없다는 예이다. 2013년 여름 이더위에 상고대 가야·고구려·신라를 말해 무엇하겠는가.

21세기는 폐쇄적인 세상이 아니라 확트인 개방적 과학의 시대다. 스피드 시대다. 정보화 시대다. 천 리 만 리가 지척이다. 학문의 범위도 넓어졌다. 편견적 집착, 고착된 의식을 버려야 한다.

_{*1):茂縣:'중국 고금 지명 대사전' 1천 1백 9쪽.(장려화 등. 중화 민국 19년. 10월. 상무 인서 발행.).}

'제5시조집'에는 상상 고대의 經典인 '천부경'과 '3·1 신고'를 주로 解讀해 묶었다. 이 두 경전은 인류가 맨처음 남긴 經典이다. 인류가 남긴 曆制가 수 10가지 있지만, '천부경' 해설을 싣고있는 '符都誌'에 의하면 흔국역(桓國曆)이 효시가 된다. 이흔역은 3가지 數列로 구성되어있다. 수열은 공식이다. 毫釐의 오차도 용납하지않는다.

'천부경'은 수리의 2원적 구조로 짜여있다. 즉 선천수·후천수, 율·여로 되어있고, 이것을 현대 수학 용어로 고쳐쓰면 사인엑스(sinx), 코사인엑스(cosx)라 할 수 있다. 그리고 단군 흔웅께서 '천부인' 3개를 받아가지고 태백산 아사달에서 도읍했다는 '천부인'(符) 3개도 복원해두었다. 결국 '천부인'(符) 3개도 '수열의 칩'(chip)이었다.

수열은 만물의 대명사다. 수로 말미암아 만물이 생성된다는 뜻이다. 선천수 사인엑스(sinx)·후천수 코사인엑스(cosx)의 복합적 율동과 율·여인 음향이 위아래로 미진동함으로 인해 생성되어 일정한 괘도를 갖는다는 뜻이다. 마치 인공 위성이 일정한 수학 공식에 의한 궤도를 유지하면서 돌고돌아, 일정한 생명이 있듯 개개의 존재마다 나름의 수열 궤도를 가지고 율동하고 있다는 뜻이다.

인류 역사를 다시 써야만 한다. '천부경'은 그자체가 紀年을 가지고있고, 동시에 흔민족의 상고사가 신화가 아니라 實史임을 스스로 입증하고있다. 흔민족의 민속의 기원도 밝혀주고있다. 천리와 수리에서 빗나간 사이비 문화의 판별식이다.

이수리와 기하학에 기초한 실체를 못 믿는다면, 사람이 진리를 추구하는 목적이 무엇이겠는가. 모름지기 인류 문화를 개창한 國祖, 盤古桓因氏(桓仁安巴堅)가 위대하지않는가. 인류의 이름으로 경배를 올려야 마땅하다.

'3·1 신고'는 기복 종교 이전의 종교 경전이라고 할 수 있다. 사람이 참사람되게 사는 종교다. 언제부터 사람이 점을 쳐서 살아가고, '인간이 할 수 있는 일은 오직 기도밖에 없다.'라는 나약한 인간으로 전락되었는가. 잘못된 철학과 학문으로 말미암아 그해독이 인류 존망을 위협하고있으니, 가히 두렵지아니 한가.

오늘날 현대 시조가 광복 이후 서양의 시론을 도입해서 발전을 도모해 왔음은 사실이다. 그러나 시조 시단의 일각에서는 언어 예술성보다 기교에 치우친 언어의 유희라고 우려를 표명하는 견해도 만만치않다.

뿌리가 없는 문학은 모방이요, 사대 문학이다. 얄팍한 巧言令色으로는 '진국'을 맛볼 수 없다. '진국'은 오랫동안 푹 고아 걸죽하게 된 뼈따귀에서 우러나온다. 지금 우리는 '진국'을 끓일 뼈따귀가 있다고 보는가? 天方地軸으로는 옳은 춤을 출 수 없지않는가? 역사를 모르면 나를 모르고, 나를 모르면 노예다.

과거 한때 우리역사가 부끄러운 역사라고 쉬쉬 감추고있을 것이 아니라, 잘났든 못났든 우리 역사의 정체성을 알아야 한다. 이정체성을 밝히지 못하면, 노래도 춤도 문학도 시조도 허울뿐이다.

가까운 예로 한반도에서 나라를 세우고, 망한 실례는 '한양 조선' 5백 년밖에 없다. 이기간에 사대를 노래하지않은 지식인이 몇이나 되며, 그리고 대일 항쟁기 때 친일하지않은 문인이 몇몇이나 되는가.

한국에 대학이 많은데, '한민족 대학'이 있는가. '한민족 학과'라도 있는 대학이 있는가. 서울대학교에 왜 '한민족 학과'가 없는가.

오늘날 국사·국어 과목이 대학 입시·공무원 채용 시험에 선택 과목이었고, 유치원 아기 때부터 영어를 가르치고있으니, 이것 또한 식민지 노예 교육 아니라하겠는가. '온고 지신', 옛것을 익히고 나아가서 새것을 만드는 발판으로 삼아야한다. '진국'은 토속적인 뼈다귀에서 우러나온다.

2. 유　　래

1) 뜻

'天符經'이란 '天道'인 하늘의 뜻(길:道), 변화 무상한 하늘의 이치 즉 천리, 천태 만상인 '數'의 이치 즉 數理에 부합하는 확실한 信標(부신:수결:서상)라는 뜻으로 '天符印'이라 한다. 이'천부인'을 글로 적은 것이 '천부경'이다.

밝음을 상징하는 거울이나, 다산을 상징하는 칼 등에 새긴 '천부인'을 그 옛날에는 천권을 상징하는 것으로 여겨 제황의 자리를 인계 인수하는 신성물로 전하기도 했다.

이 '천부경'은 흔국(桓國) 즉 우리한국(韓國)의 국조이고, 동시에 인류의 조상인 혼인 천제(桓因天帝)께서 上元甲子 10월 3일, 중원땅 서쪽 감숙성 천산(天山:3危山)아래 燉煌에서 인류 역사상 맨처음인 부족 국가와 神市=別邑을 세워 開天을 선언한 대선언문이다.

神市란 '하늘의 이치에 부합하는 蘇塗'(수두·別邑) 즉 '天符의 蘇塗', '神人이 세운 別邑'(蘇塗)이란 뜻이 담겨있다. 한민족의 고향, 인류 역사 시대의 고향은 天山이다.

우리 인류가 산림 왕국이 붕괴되자 이상향 건설을 꿈꾸어왔으나, '진정한 伊甸園 중심 지구는 오늘날의 중국 신강성 塔里木盆地[1]다.'라고 말하고있다. 그리고 '탑리 목분지'는 가히 중국 신구 성지의 자격을 취득할 만하다고 덧붙이고있다.

　　　*1):'史前史話' 37쪽 9열.(서량지. 저 화성국. 중화 민국 68년.).

2) 전　　래

①말로만 전해오던(桓國口傳之書) '천부경'은 혼웅 천황이 하늘에서 내려온 뒤 新誌(벼슬이름) 赫德에게 명해 鹿圖(鹿圖文)의 글로써 이를 기록케 했다. 고조선 시대에 이르러 신지 篆書로 '천부경'을 돌에 새겨 태백산에 새웠다('篆古碑').

②그후 조선 시대 중종무렵 이 맥(李 陌:1455.~1528.)이 '太白逸史'에 삽입해서 그명맥을 잇게 되었다. '太白逸史' '蘇塗經' 전본훈에 포함되어 있는 것을 995년(AD.1898.) 桂延壽가 '단군 세기'와 '태백 일사'를 합쳐 '한단 고기'(安含老 撰은 AD. 600년 경—편집인 주.)를 편찬해 오늘에 이르게 되었다.

그러던 중 그전래 과정을 요약하면, 첫째 1916년 大倧敎徒 桂延壽가 묘향산 석벽에서 이를 발견(1916.)해 杏村 李 嵒에게 전함.

둘째 李 陌의 '태백 일사' 묘향산 탁본의 해석을 서울단군교에 의뢰(1917.), 蘆沙 奇正鎭(1798.~1876.), 셋째 해학 李 沂(1848.~1909.) 尹孝定(단국대 대선사)에 의해 대종교 남도 본사에서 1930년 이후 大倧敎를 중심으로 확산, 넷째 桂延壽의 '흔단 고기'(桓壇古記:1911.), 李裕岦의 '흔단 고기'(桓壇古記:1979.)에 실게 되어 오늘에 전한다.

③최근에 언어 학자 박대종 씨가 漢字의 기원이라고 하는 갑골문을 연구하다가 '천부경'을 알게 되었는데, 이 경은 고려말까지 전해져내려오다가 유교를 숭상하는 조선 왕조 때 묻히게 되었다고 했다.

고려말 충신인 農隱 閔安富의 유품에서 발견된 '천부경'에서 殷墟 胛骨文과 동일한 글자들이 다수 발견되었다. 이는 두 가지 측면에서 일대 사건에 비유될 만한 충격적인 일이다.

하나는 胛骨文하면 오직 중국 대륙 내부에서만 발견되는 종래의 고정 관념이 깨졌다는 것이다.

두 번째, 지금으로부터 약 6백 50년 전의 인물인 閔安富가 중국 대륙 殷墟에서 발견된 갑골문을 보고, '천부경'에서도 다수 발견·확인됐다는 점이다. 이것은 갑골문 이전에 이미 문자가 있었다는 사실이 확인된 셈이다.

④이보다 앞서 신라 눌지왕 때 朴堤上이 왜국 木島(대마도:현 대만)에서 순절하기 이전(AD.419.)에 저술한 '符都誌'('澄心錄)를 다만 영해 박씨 후손인 朴 錦씨가 '澄心錄'을 연구하고 번역한 때의 기억을 되살려 복원해 세상에 알렸을 뿐이다.

우리나라에 현존하는 사서 중 가장 오래된 사서이며, 大河에 송두리째 유실당한 상고사를 연구하는 데 꼭 밟아야 하는 징검다리 중의 하나다.   <

3) '부 도 지'

'부도지'는 한국에서 현존하는 사서 중에 그기록 연대가 가장 오래된 사서다. '澄心錄' 15誌 중의 제1지(首卷)며 '澄心錄'은 上敎 5誌 즉 '부도지' '音信誌' '曆時誌' '天雄誌' '星辰誌'와 中敎 5誌 즉 '四海誌' '禊祓誌' '物名誌' '歌樂誌' '醫藥誌'와 下敎 즉 '農桑誌' '陶人誌' 그리고 三誌는 미상으로 모두 15지로 되어있다.

이후에 박제상의 아들 百結 선생이 '金尺誌'를 지어보태고, 매월당 金時習이 영해 박 씨 후손과 한마을에 살면서 그교분 관계로 '부도지'를 열람할 기회를 얻게되어 '澄心錄追記'를 써서 보탰으니, 모두 17편으로 된 책인 셈이다.

"그러나 지금은 모두 전하지않고 있으며, 여기에 소개하는 '부도지'는 1953년에 박 금 씨가 울산의 피란소에서 박제상 공의 후예로써 가문에 비전되어 오던 것을 훔쳐보고 과거의 '징심록'을 번역하고, 또 연구한 바 있어 그때의 기억을 되살려, 거의 원문에 가깝게 재생한 것이다."('부도지' 서문 김은수).

이 '부도지'에는 박 금 씨가 복원하고, 이것에 金殷洙 씨가 해제를 하면서 '천부경'에 대한 명석한 연구와 해석을 가했는데도 그꼬투리 하나를 잡지 못해 놓쳐 안타까운 마음 앞선다.

조금이라도 일찍 '천부경'이 해석되어 세상에 알려졌더라면 하는 아쉬움을 금할 길 없다. 오로지 '천부경' 해석을 위해 각고의 노력을 기울인 흔적이 '부도지' 행간에 인각되어있다.

고인의 노력이 없었더라면 그해석은 영원히 미궁에 빠져 빛을 보지 못했으리라는 마음에 오싹 소름마저 끼친다. 유명을 달리한 고인의 영전에 넉넉한 명복을 빈다.

이밖에도 운초 계연수(1864.~1920.) 공은 '천부경'을 '혼단 고기'에 삽입해서 전하게 되었고, 그로 말미암아 대일 항쟁기 때 독립 운동을 하다가 독립군은 일본군에 의해 그시체가 압록강에 던져졌다는 대목은 필자의 옷깃을 여미게 한다.

그리고 '부도지' 저자인 관설당 박제상 선생은 신라의 충신으로만 역사상 부각되어있다. 그러나 '징심록' 15권 제목만 보더라도 그내용이 어떠하리라는 것쯤은 짐작하고도 남는다. 선생은 충신이요, 사상가·철학가요, 뛰어난 수리 학자요, 교육자, 도통한 큰스승임이 틀림없다. 다만 충신을 절대시하는 세속에 가려 있었을 뿐이다.

'천부경' 해석은 '부도지'나 眞城 李源善의 '天符經 解釋'(4291.음5.29.)에 의하지않고는 열리지않는 경전이다.

그만큼 역사적 신뢰가 가는 사서다. '천부경' 해독을 하면서 '징심록' 15권의 내용이 적나라하게 떠오르는 것은 종교 이전의 '산학 교과서'일 거라는 생각을 지울 수가 없어서다. 지금 필자는 중학교 수학 수업 교실에 앉아 기하 문제를 풀어보며, 수리 탐구하고있는 기분이다. 그만큼 '實事求是'의 수리적 경전이다.

4) 요 약

'천부경'은 혼국(桓國) 천산 시대에 혼인(桓因) 천제가 베풀었던 경전이 구전되어 내려오다가 배달과 고조선 시대에 문자로 표기되어 가로 세로 9자씩 모두 81자로 전해온다. '天符'는 '하늘의 섭리를 나타내는 符號'라는 뜻이다.

'천부경'은 인간에게 하늘의 이치와 법칙이 수리에 부합함을 드러내고, 인간으로 하여금 그길을 닦아 수증해서 바른 길로 스스로 가게 함에 있다.

혼국(桓國) 마지막 혼인 천제(桓因天帝)가 이 '천부'의 신권을 상징하는 '천부인'을 전하고, 마침내 太白山*¹⁾에서 배달나라를 연 분이 바로 초대 거발한(居發桓) 혼웅(桓雄·BC.3898.)[癸亥 神市開國(BC.3897.) 甲子로 치는 곳도 있으나, 역의 계산법 차이 거같다.] 천제로, 제위 94년 천수 1백 20세를 누렸다.

*1) 만주·한반도 경계인 백두산이 아닌 것같다.

3. '天符經' 가름

1) 漢 文 本

一	始	無	始	一	析	三	極	無
盡	本	天	一	一	地	一	二	人
一	三	一	積	十	鉅	無	匱	化
三	天	二	三	地	二	三	人	二
三	大	三	合	六	生	七	八	九
運	三	四	成	環	五	七	一	妙
衍	萬	往	萬	來	用	變	不	動
本	本	心	本	太	陽	昻	明	人
中	天	地	一	一	終	無	終	一

2) 가 름

1장…1시 무시1(一始/無始一)

2장…석 3극 무진본(析/三極/無盡本)

3장…천1·1 지1·2 인1·3(天一一/地一二/人一三)

4장…1적 10거(一積/十鉅)

5장…무궤화3 천2·3 지2·3 인2·3(無匱化三/天二三/地二三/人二三)

6장…대3합(大三合)

7장…6생 7·8·9운(六生/七八九運)

8장…3·4성 환5·7(三四成/環五七)

9장…1묘연 만왕 만래 용변 부동본(一妙衍/萬往萬來用變/不動本)

10장…본심 본태양 앙 명인 중천지1(本心/本太陽/昻/明人/中天地一)

11장…1종 무종1(一終/無終一)

4. 底　本

'천부경'은 전해오는 동안 '저본'이 여러 개 있다. 그러나 '태백 일사본'과 '묘향산 석벽본', 박제상 '부도지본'은 일치하나, '농은 유집본'은 네 군데서 차이를 보이고있다.

첫째는 '석3극'(析三極)이 아니라 신(新)자를 쓴 '신3극'(新三極)이고, 둘째는 '대3합'(大三合)이 아니라 기(氣)자를 쓴 '대기합'(大氣合)이고, 세째는 '무궤화3'(無匱化三)이 아니라 '從'자를 쓴 '무궤종3'(無匱從三)이며, 네 번째는 '7·8·9운'(七八九運)이 아니라 '衷'자를 쓴 "7·8·9충'(七八九衷)이다.

이밖에도 다른 본도 더러 있다. 음양 5행으로 바라본 저본에 무리가 있는 것같아 뒤로 미루었다. '농은 유집본'의 '新' '氣' '從' '衷' 4자도 그렇게 바꾸어야만 할 까닭을 느끼지 못함으로 3자가 같은 저본을 택했다.

艸牛 辛東益 志

〈참고 자료〉

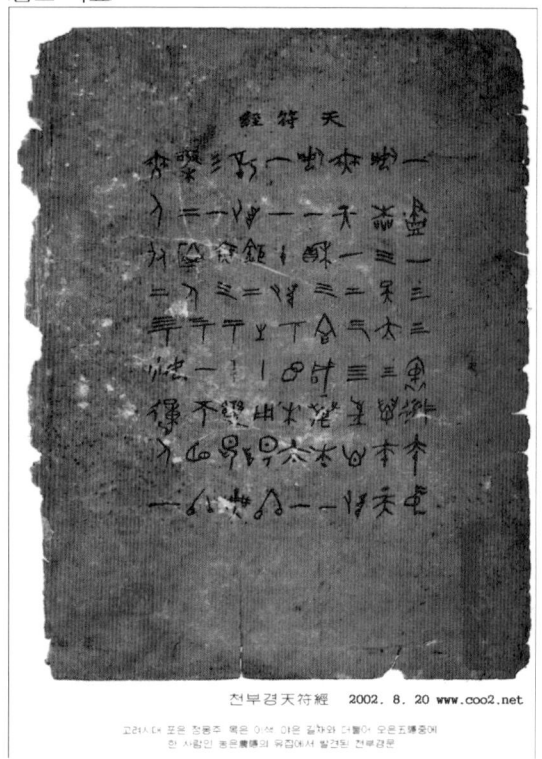

* '농은 閔安富 유집본' '천부경'(전서).

辛東益―약력

- 1931. 울주군 삼동면 둔기리 출생. 아호·艸牛.
- 부산대 법대 수료.
- 지방 공무원 10년, 낙농업 20수 년, 언양 수성탕(목욕업) 10수 년 경영.
- 지금은 텃밭농사에 종사하고 있음.

- 1991. '문학 세계' 신인상 시조부 당선.
- 한국 시조 시인 협회 이사 역임.
- 한국 文協 시조 분과 회원.
- 한국 자유 문인 협회 회원.

- 저서 · 제1시조 시집 '조강지 처'(도서 출판 대한. 2000.).
        제2시조 시집 '신불산 바람소리'(가람 出版社. 2000.).
        제3시조 시집 '콩 낱알을 주우며'(알토란. 2010.).
        제4시조 시집 '파레트*pallet* 속에서 사리가 나온다'(도서 출판 天山. 2012.).
        제5시조 시집 " '天符經'(○△□)은 $(-1)^n$이다"(도서 출판 天山. 2014.).

- 수상 · 2002. 제19회 성파 시조 문학상.
  - 2003. 제14회 나래 시조 문학상.
  - 2010. 울산 문학상(운문부) 등.

- 주소 · 689-811. 울산 광역시 울주군 삼남면 강당 1길 64호(가천리 537.).
  - 손전화 010-5701-4772
  - 전자 우편 · *ik4772@daum.net*

天山 詩選 95

4347('14). 6. 10. 박음
4347('14). 6. 20. 펴냄

신동익 제5시조 시집

'천부경'(○△□)은 $(-1)^n$이다

지은이 辛 東 益
펴낸이 申 世 薰
잡은이 신 새 별
판본이 신 주 원
펴낸데 도서출판 天山

110-524.서울시 중구 서애로 27(필동 3가). 서울 캐피털빌딩 302호 '自由文學'출판부
등록 1991. 10.31. 제1-1269호

ISBN 978-89-85747-51-6 03810

☎745-0405 (F)764-8905

*잘못된 책은 바꿔드립니다.

값20,000원